This book belongs to:

Contents

CONSONANTS

ㄱ, ㄴ, ㄷ	p4 ~ 8
ㄹ, ㅁ, ㅂ	p9 ~ 13
ㅅ, ㅇ, ㅈ	p14 ~ 18
ㅊ, ㅋ, ㅌ	p19 ~ 23
ㅍ, ㅎ	p24 ~ 26
Quiz	p27 ~ 29
Syllable Blocks	p28

BASIC VOWELS / WORDS

ㅏ	p32 ~ 38
ㅑ	p39 ~ 45
ㅓ	p46 ~ 52
ㅕ	p53 ~ 59
ㅗ	p60 ~ 66
ㅛ	p67 ~ 73
ㅜ	p74 ~ 80
ㅠ	p81 ~ 87
ㅡ	p88 ~ 94
ㅣ	p95 ~ 100
Quiz	p101 ~ 104
Answer Key	p105 ~ 110
Flashcards	p111 ~ 122

Korean Alphabet Vol.2 
ISBN: 979-8436954905

Korean Writing Practice Notebooks 
ISBN: 979-8720497149 
ISBN: 979-8725533552

Copyright © 2022 Dream Bisang Press. All rights reserved.

part 1

14 Consonants

ㄱ

font variations
{ ㄱ ㄱ ㄱ ㄱ }

[gi-yeok]

sounds

/g/ of han **g**ook

/k/ of han goo**k**

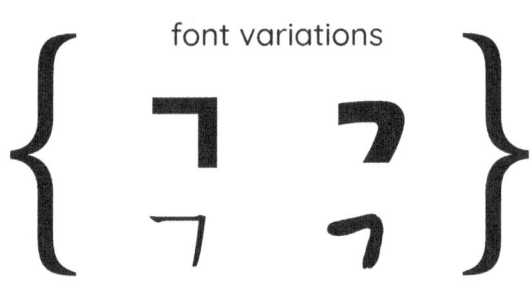

ㄱ sounds /g/.
It sounds /k/ when it is on the bottom.

가 /ga/   각 /gak/

Please say [gi-yeok], when you write it.

ㄴ

font variations

{ ㄴ ㄴ ㄴ ㄴ }

[ni-eun]

sounds

/n/ of **n**ame

나 /**n**a/

'나' means 'I' or 'me'.

✋ Please say [ni-eun], when you write it.

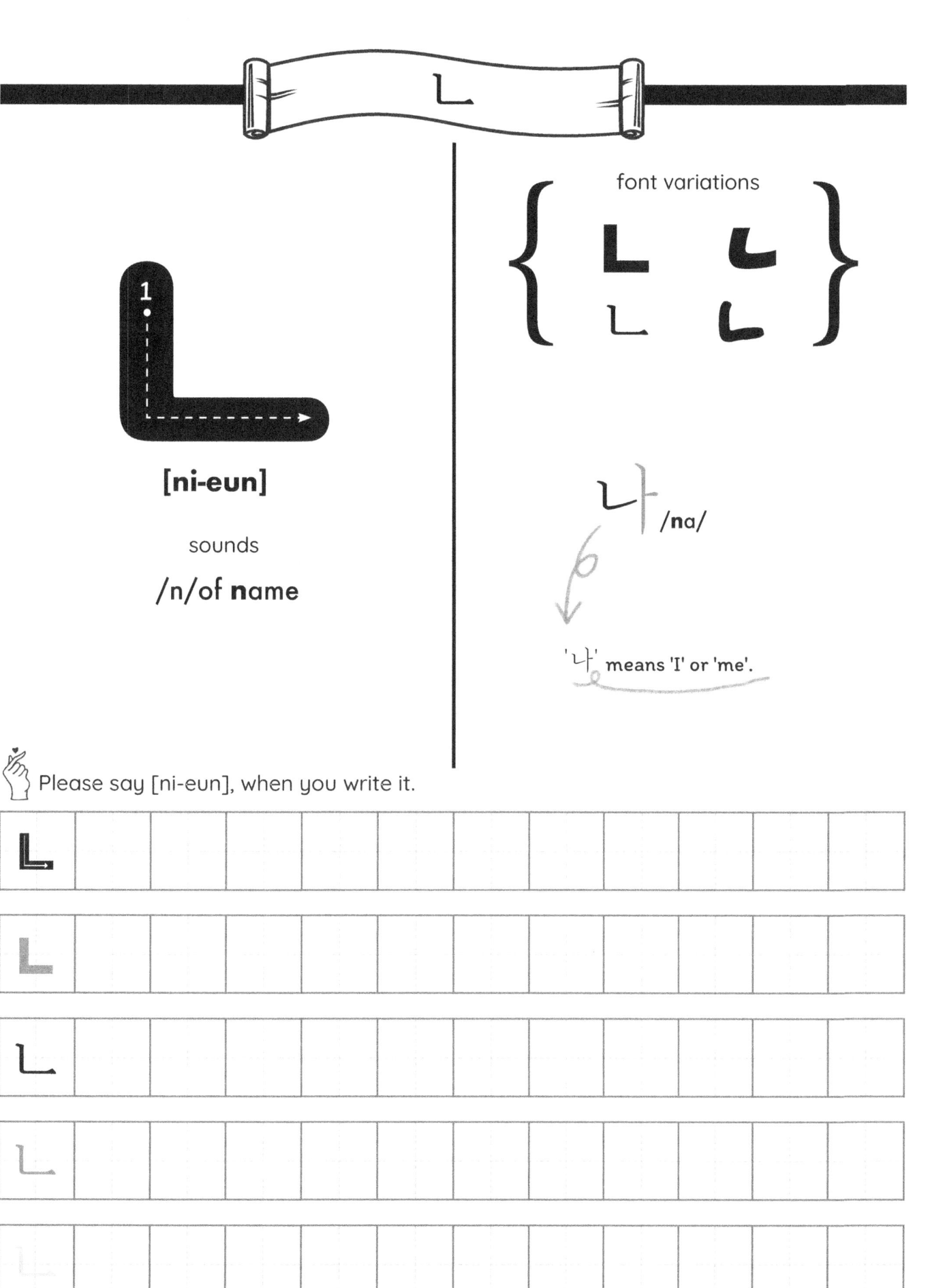

ㄷ

font variations

{ ㄷ ㄷ ㄷ ㄷ }

[di-geut]

sounds

/d/ of **d**og

다 /dɑ/

'다' means 'all'.

Please say [di-geut], when you write it.

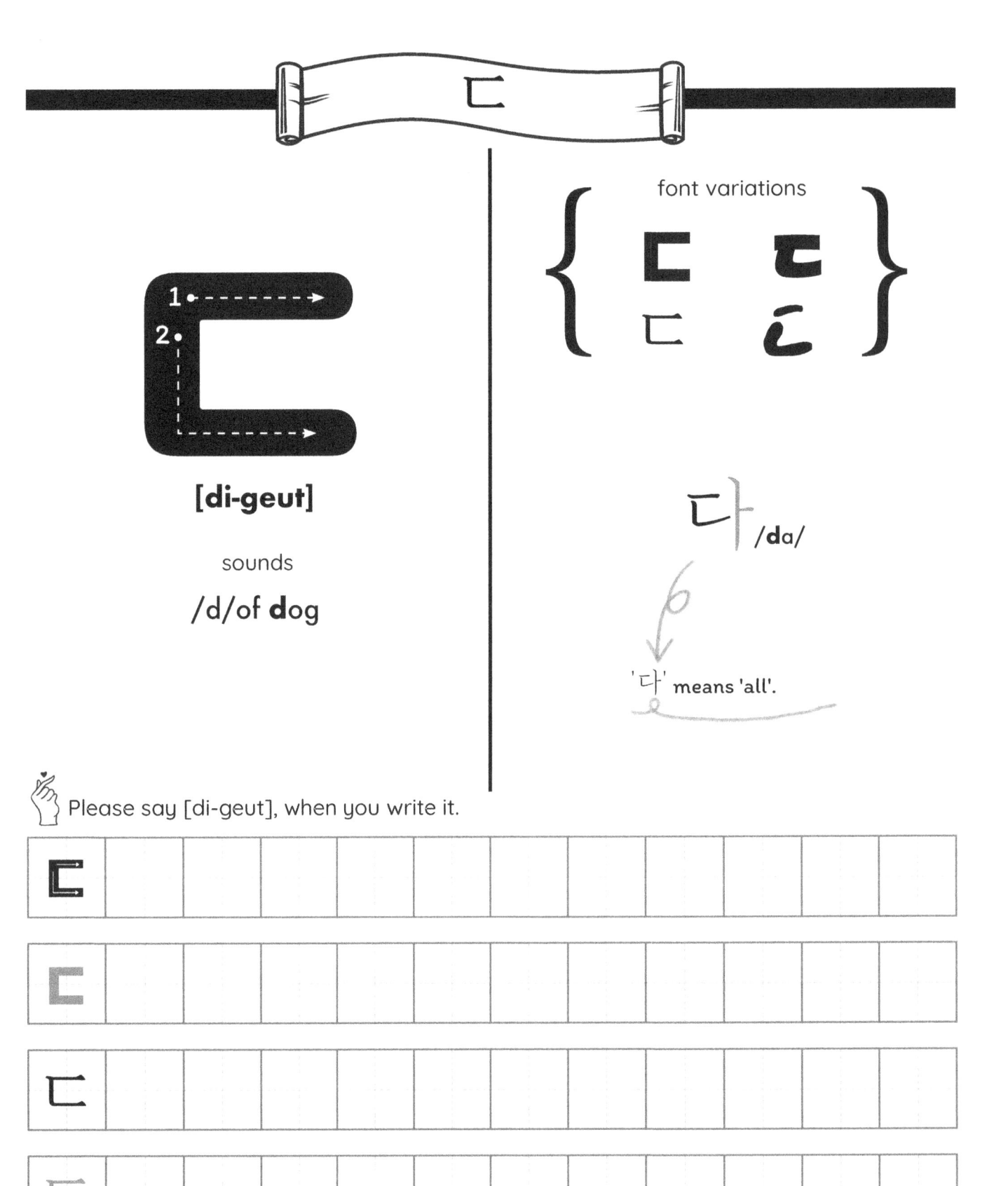

Quiz 복습

1. Write [gi-yeok] in the letter boxes.

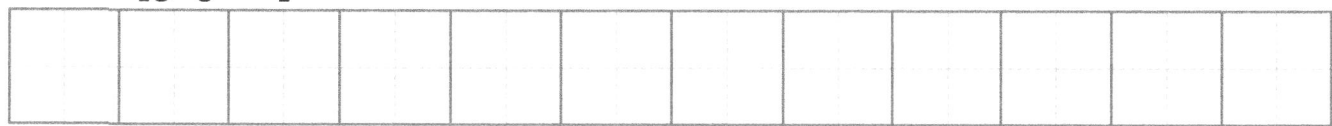

2. Write [ni-eun] in the letter boxes.

3. Write [di-geut] in the letter boxes.

4. Circle the letters which have [ni-eun].

나	종	돌
낸	말	노
날	랑	각

5. Circle the letters which have [di-geut].

닫	롤	돈
강	덜	갇
백	차	난

6. Write Hangul(Korean alphabet) which sounds 'g'.

7. Write Hangul(Korean alphabet) which sounds 'd'.

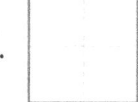

8. Write Hangul(Korean alphabet) which sounds 'n'.

Quiz 복습 REVIEW

9. Circle the letters which have [gi-yeok].

가	한	닥
곡	욱	놀
달	개	욱

10. Fill in the boxes.

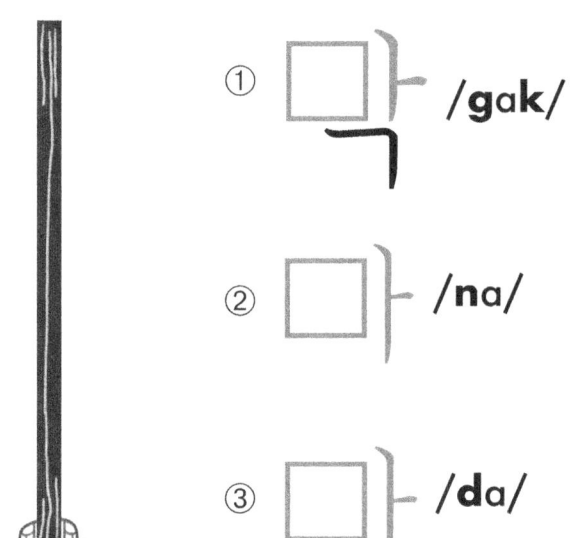

① ☐ 악 /gak/

② ☐ 아 /na/

③ ☐ 아 /da/

11. Draw a line to match each letter and sound.

① [di-geut]   •   • ㄱ •   • /g/ or /k/

② [gi-yeok]   •   • ㄴ •   • /n/

③ [ni-eun]   •   • ㄷ •   • /d/

12. Fill the boxes.

☐ sounds /g/. It sounds ☐ when it is on the bottom (batchim).

ㄹ

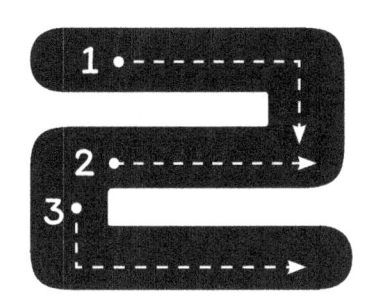

font variations
{ ㄹ **ㄹ** ㄹ **ㄹ** }

[ri-eul /li-eul]

sounds

/l/ of **l**amp   /r/ of **r**amen

ㄹ sounds between /l/ and /r/.

라 /l(r)a/

라면

'Ramen' is pronounced [la-myeon] in korean.

Please say [ri-eul], when you write it.

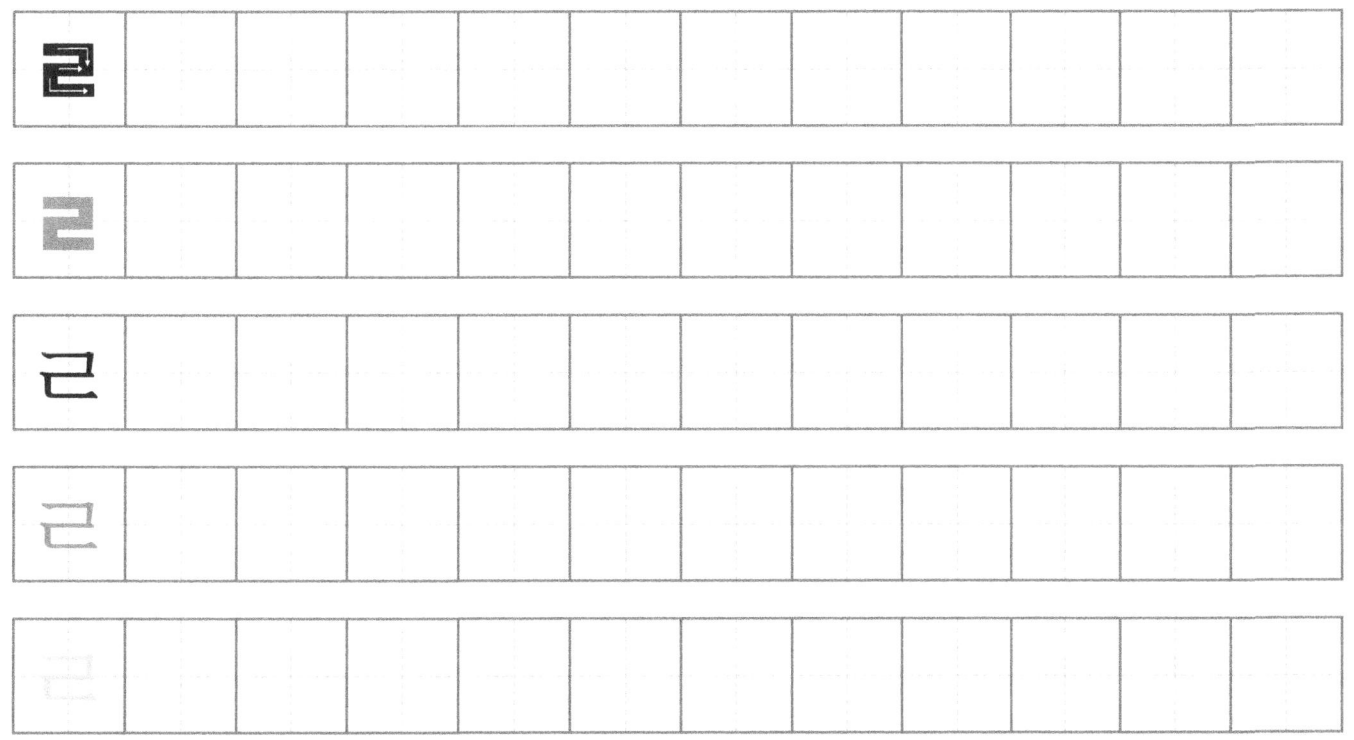

ㅁ

font variations
{ ㅁ ㅁ ㅁ ㅁ }

[mi-eum]

sounds

/m/ of **m**an

머 /**m**eo/   먹방 /**m**eok bang/

☞ Please say [mi-eum], when you write it.

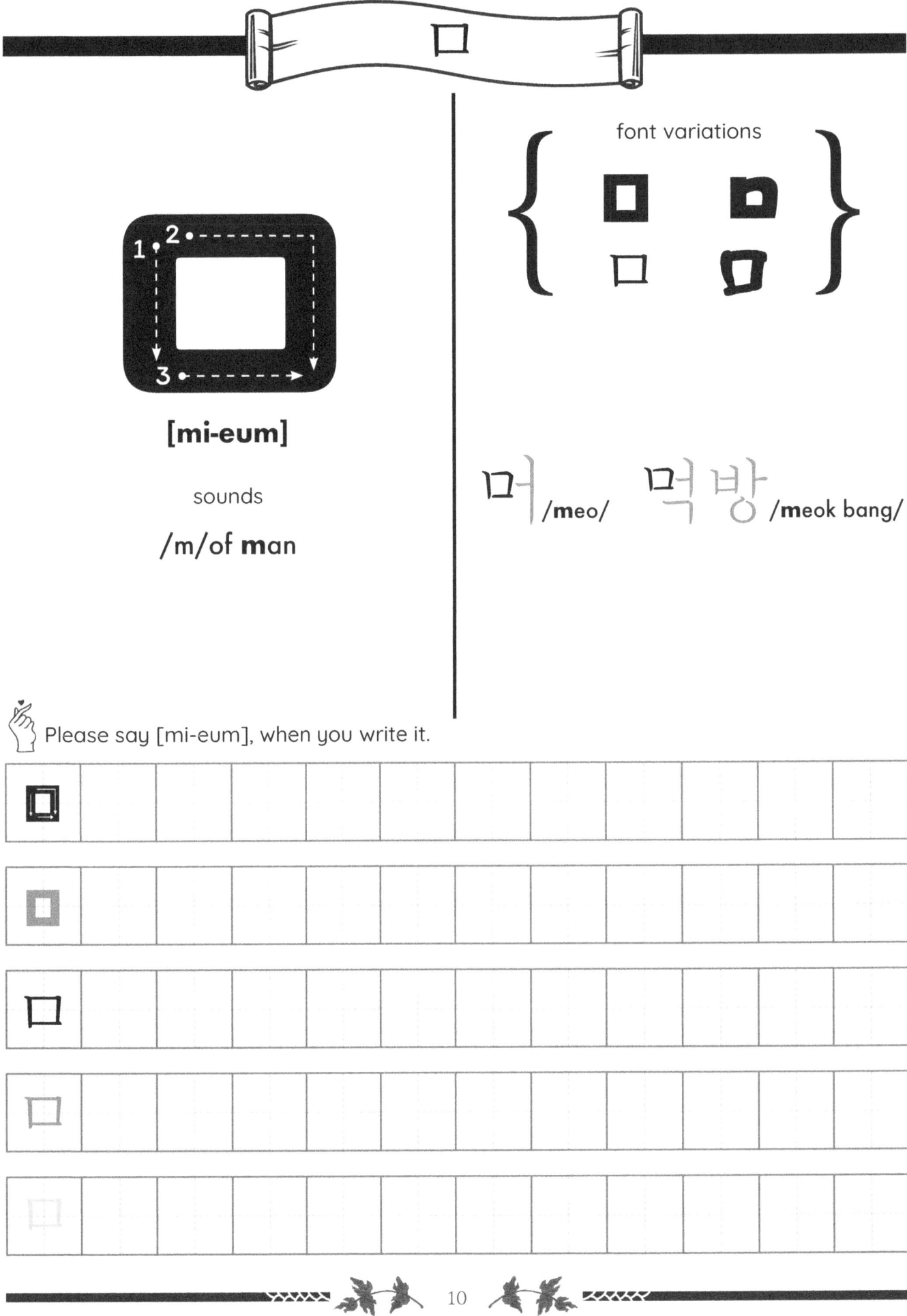

ㅂ

font variations

[bi-eup]

sounds

/b/ of **b**oy /p/ of to**p**

ㅂ sounds /b/. It sometimes sounds /p/ when it is on the bottom.

바 /**b**a/   밥 /**b**a**p**/

'밥' means 'rice' or 'meal'.

Please say [bi-eup], when you write it.

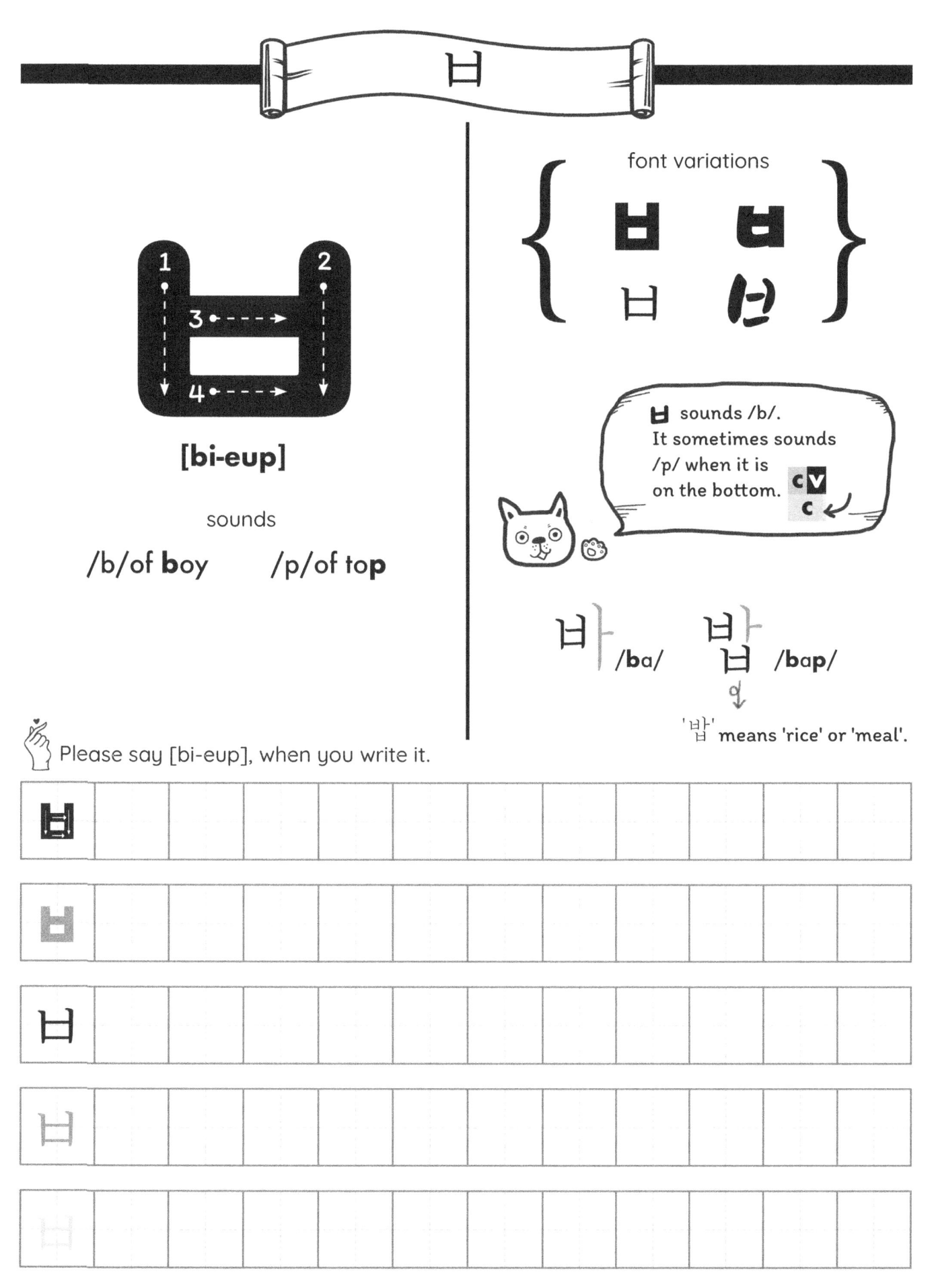

Quiz 복습 REVIEW

1. Write [ri-eul] in the letter boxes.

2. Write [mi-eum] in the letter boxes.

3. Write [bi-eup] in the letter boxes.

4. Circle the letters which have [ri-eul].

라 롱 달
한 말 아
햇 으 낙

5. Circle the letters which have [mi-eum].

마 모 금
삼 맘 가
백 차 하

6. Write Hangul(Korean alphabet) which sounds 'l'.

7. Write Hangul(Korean alphabet) which sounds 'm'.

8. Write Hangul(Korean alphabet) which sounds 'b'.

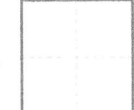

Quiz 복습

9. Circle the letters which have [bi-eup].

가   항   달
봄   바   날
법   거   읍

10. Fill in the boxes.

① ☐밥 /bap/

② ☐어 /meo/

③ ☐나 /la/

11. Draw a line to match each letter and sound.

① [mi-eum] •   • ㄹ •   • /l/ or /r/

② [bi-eup] •   • ㅁ •   • /b/ or /p/

③ [ri-eul] •   • ㅂ •   • /m/

12. Fill the boxes.

☐ sounds /b/. It sounds ☐ when it is on the bottom (batchim).

ㅅ

font variations

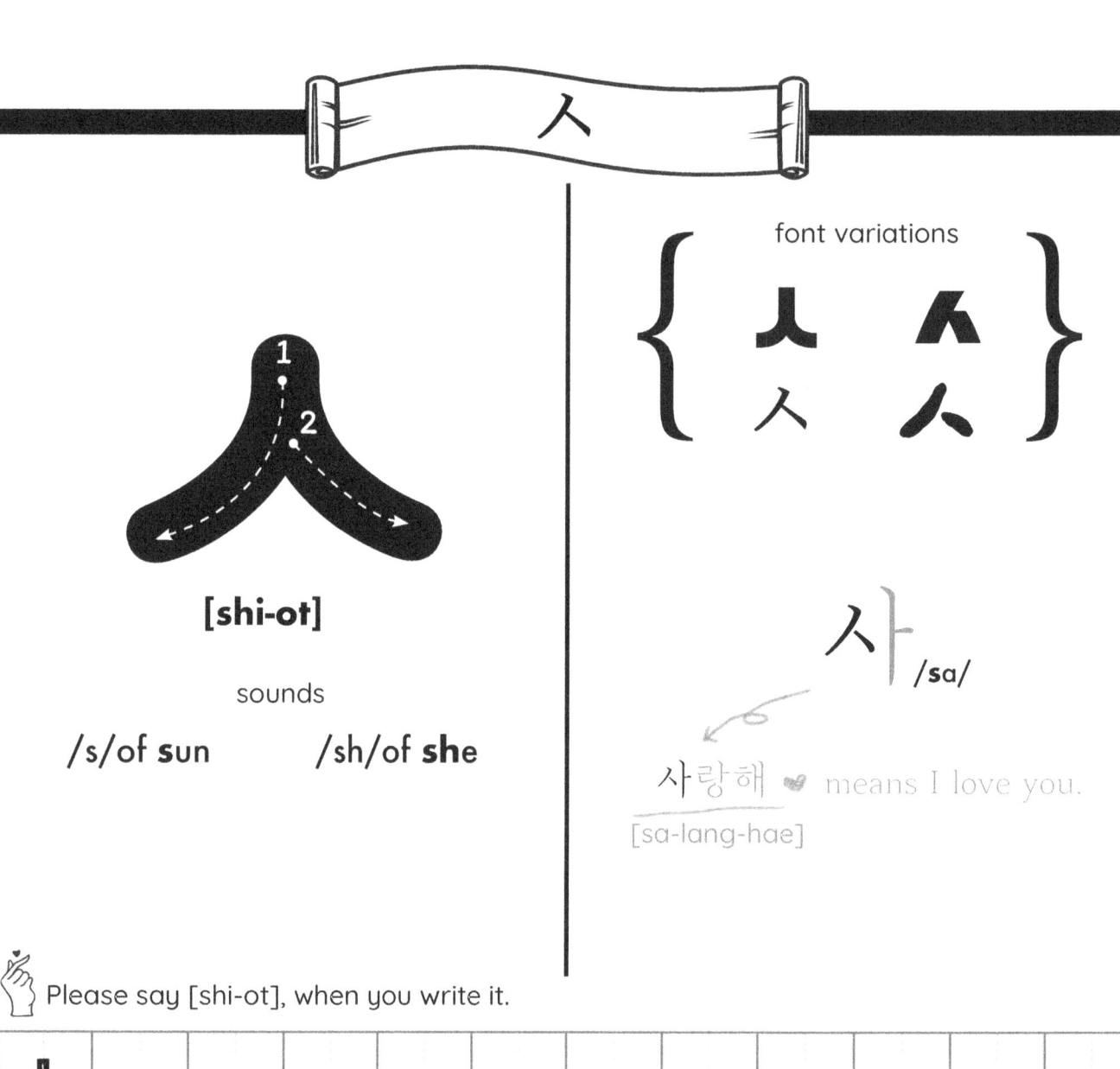

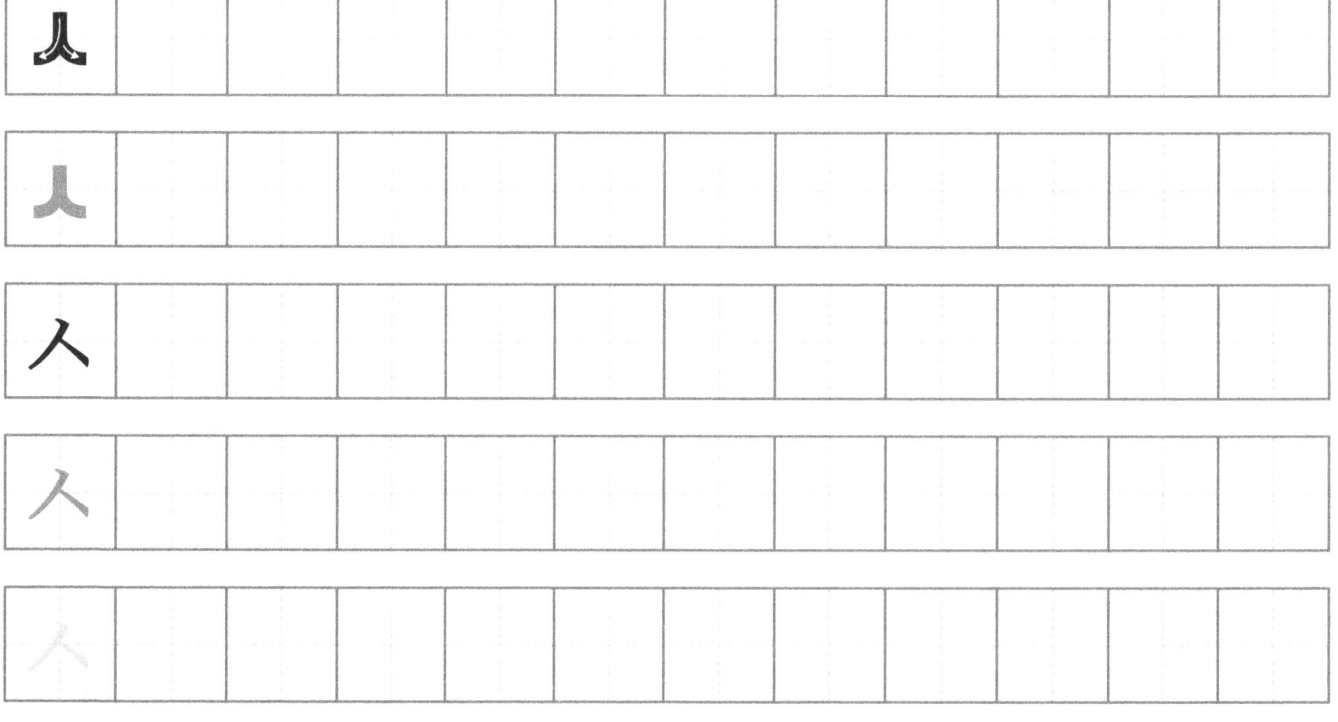

{ ㅅ ㅅ
  ㅅ ㅅ }

[shi-ot]

sounds

/s/ of **s**un   /sh/ of **sh**e

사 /sa/

사랑해 ♥ means I love you.
[sa-lang-hae]

Please say [shi-ot], when you write it.

14

ㅇ

[i-eung]

sounds

*silent   /ng/ of lo**ng**, so**ng**

font variations
{ ㅇ ㅇ ㅇ ㆁ }

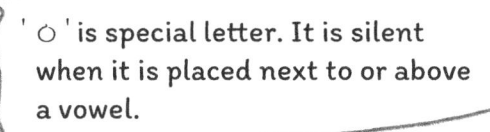

'ㅇ' is special letter. It is silent when it is placed next to or above a vowel.

ㅏ /a/   아 /a/

ㅜ /u/   우 /u/

앙 /ang/

Please say [i-eung], when you write it.

ㅈ

font variations

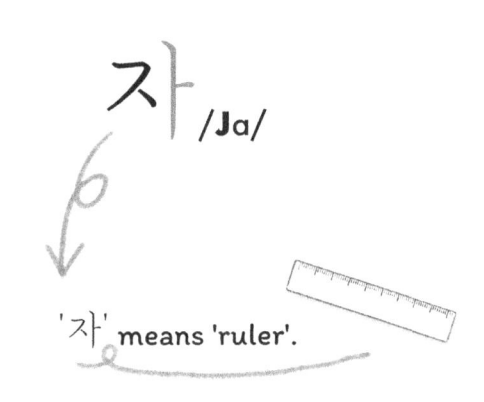

{ ㅈ ㅈ ㅈ ㅈ }

[ji-eut]

sounds

/j/ of **j**elly /z/ of **z**ebra, chee**s**e

자 /Ja/

'자' means 'ruler'.

☞ Please say [ji-eut], when you write it.

Quiz 복습 REVIEW

1. Write [shi-ot] in the letter boxes.

2. Write [i-eung] in the letter boxes.

3. Write [ji-eut] in the letter boxes.

4. Circle the letters which have [shi-ot].

파 강 솟
산 소 어
허 슬 성

5. Circle the letters which have [ji-eut].

사 모 먹
잠 방 자
백 찾 저

6. Write Hangul(Korean alphabet) which sounds 's'.

7. Write Hangul(Korean alphabet) which sounds 'ng'.

8. Write Hangul(Korean alphabet) which sounds 'j'.

9. Circle the letters which have [i-eung].

나　항　아
옹　복　알
파　저　수

10. Fill in the boxes.

① ☐ ├ /a/

② ☐ ├ /Ja/

③ ☐ ├ /sa/

11. Draw a line to match each letter and sound.

① [i-eung]　•　　　•　ㅇ　•　　　• /s/

② [ji-eut]　•　　　•　ㅅ　•　　　• /j/

③ [shi-ot]　•　　　•　ㅈ　•　　　• /ng/

12. Fill the boxes.

☐ is special letter. It is silent when it is placed next to or above a vowel.

ㅊ

font variations

{ ㅊ ㅊ ㅊ ㅊ }

[chi-eut]

sounds

/ch/ of **ch**air

STRONG CONSONANT

ㅊ is a strong consonant.
ㅊ is a strong verison of ㅈ.

차 /**ch**a/

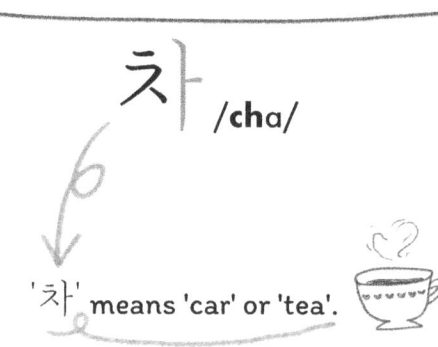

'차' means 'car' or 'tea'.

Please say [chi-eut], when you write it.

ㅋ

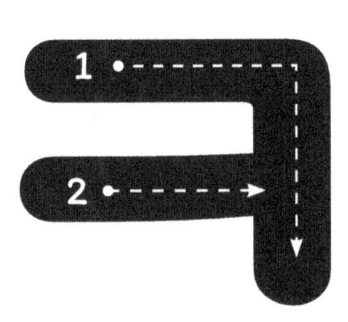

font variations

{ ㅋ ㅋ ㅋ ㅋ }

[ki-euk]

sounds

/k/ of **k**ey, **c**at

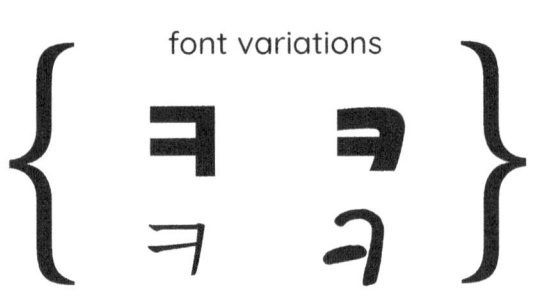

STRONG CONSONANT

ㅋ is a strong consonant.
ㅋ is a strong verison of ㄱ.

코 /ko/

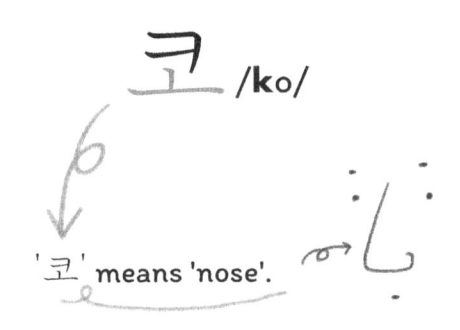

'코' means 'nose'.

👆 Please say [ki-euk], when you write it.

ㅌ

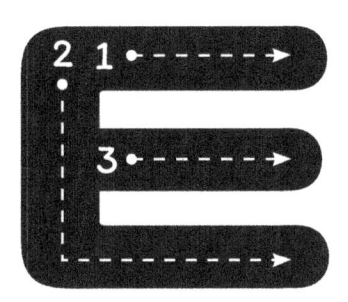

[ti-eut]

sounds

/t/ of tiger

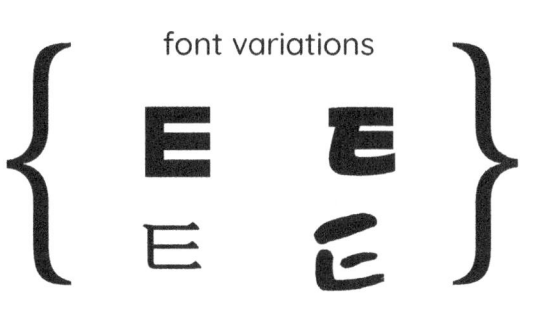

font variations

{ ㅌ ㅌ ㅌ ㅌ }

STRONG CONSONANT

ㅌ is a strong consonant.
ㅌ is a strong verison of ㄷ.

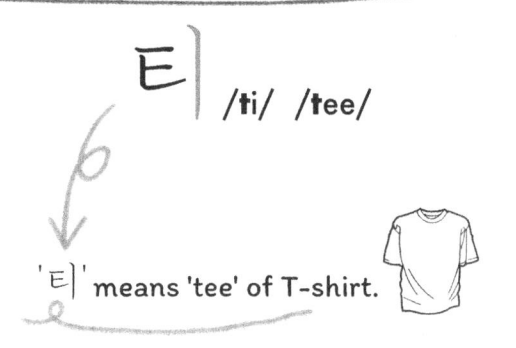

ㅌ /ti/ /tee/

'ㅌ' means 'tee' of T-shirt.

Please say [ti-eut], when you write it.

Quiz 복습

1. Write [chi-eut] in the letter boxes.

2. Write [ki-euk] in the letter boxes.

3. Write [ti-eut] in the letter boxes.

4. Circle the letters which have [chi-eut].

라 전 닻
처 보 찾
멍 면 쌀

5. Circle the letters which have [ki-euk].

피 컥 크
러 코 거
맥 창 시

6. Write Hangul(Korean alphabet) which sounds 'ch'.

7. Write Hangul(Korean alphabet) which sounds 'k'.

8. Write Hangul(Korean alphabet) which sounds 't'.

Quiz 복습

9. Circle the letters which have [ti-eut].

콜 형 짐
맡 타 정
투 다 마

10. Fill in the boxes.

① ☐ ㅏ /cha/

② ☐ ㅗ /ko/

③ ☐ ㅣ /ti/

11. Draw a line to match each letter and sound.

① [ti-eut] •   • ㅊ •   • /ch/

② [ki-euk] •   • ㅋ •   • /t/

③ [chi-eut] •   • ㅌ •   • /k/

12. Fill the boxes.

☐ is a strong consonant. It is a strong verison of ㄷ.

☐ is a strong consonant. It is a strong verison of ㅈ.

ㅍ

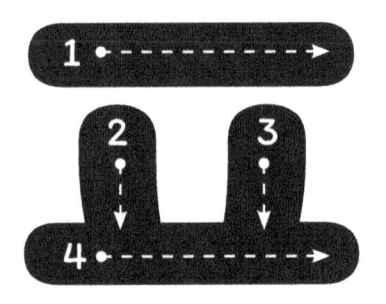

font variations

{ ㅍ ㅍ ㅍ ㅍ }

[pi-eup]

sounds

/p/ of **p**ig

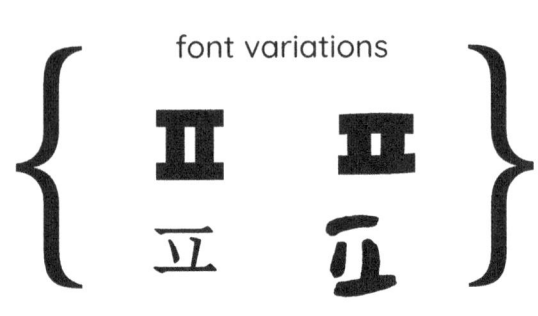

Strong Consonant

ㅍ is a strong consonant.
ㅍ is a strong verison of ㅂ.

파 /pa/

'파' means 'green onion'.

Please say [pi-eup], when you write it.

ㅎ

[hi-eut]

sounds

/h/ of ham, horse

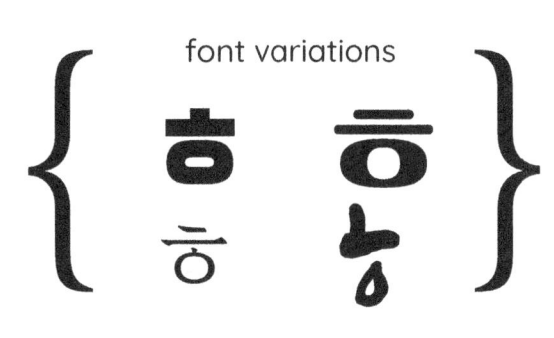

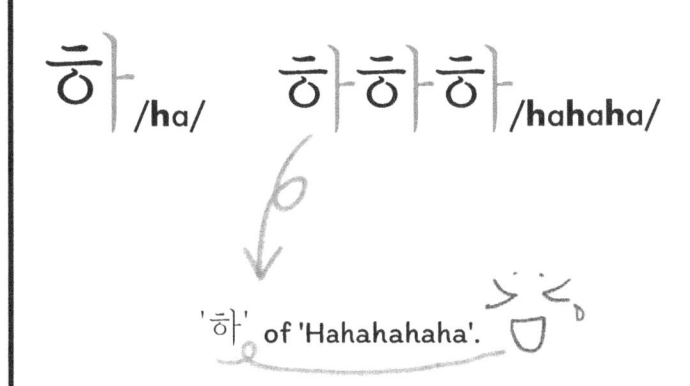

font variations

{ ㅎ ㅎ ㅎ ㅎ }

하 /ha/   하하하 /hahaha/

'하' of 'Hahahahaha'.

👆 Please say [hi-eut], when you write it.

25

Quiz 복습 REVIEW

1. Write [pi-eup] in the letter boxes.

2. Write [hi-eut] in the letter boxes.

3. Circle the letters which have [pi-eup].

풋	옆	덮
팥	파	포
평	팡	표

4. Circle the letters which have [hi-eut].

하	형	양
라	콕	강
엉	장	서

5. Write Hangul(Korean alphabet) which sounds 'h'.

6. Write Hangul(Korean alphabet) which sounds 'p'.

7. Fill in the boxes.

① ☐ 아 /ha/   ② ☐ 아 /pa/

Quiz 복습 REVIEW

Write Hangul(Korean alphabets) in the letter boxes.

[gi-yeok]

[ni-eun]

[di-geut]

[ri-eul]

[mi-eum]

[bi-eup]

[shi-ot]

[i-eung]

Quiz 복습

Write Hangul(Korean alphabets) in the letter boxes.

[ji-eut]

[chi-eut]

[ki-euk]

[ti-eut]

[pi-eup]

[hi-eut]

Quiz 복습 REVIEW

Draw a line to match each letter and sound.

ㄱ •   • /g/ or /k/

ㄴ •   • /d/

ㄷ •   • /n/

ㄹ •   • /l/ or /r/

ㅁ •   • /s/

ㅂ •   • /m/

ㅅ •   • /b/ or /p/

ㅇ •   • /ng/

ㅈ •   • /j/

ㅊ •   • /k/

ㅋ •   • /ch/

ㅌ •   • /p/

ㅍ •   • /t/

ㅎ •   • /h/

Congratulations!
You have learned 14 consonants of Hangul!

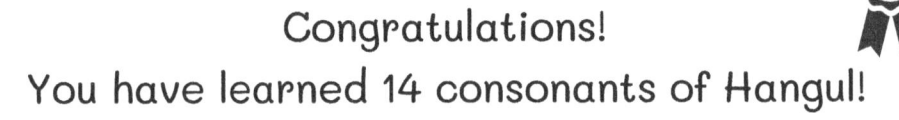

Syllable Blocks

Korean alphabets(Hangul) are put together to make a **syllable block** that has a begining consonant, a middle vowel, and an optional final consonant(Batchim).

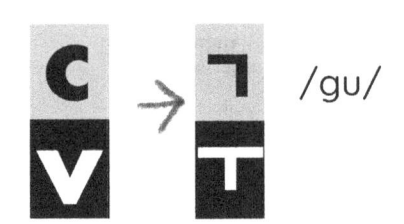

c → consonant **v** → vowel

c v → ㄱㅏ /ga/

c / v → 구 /gu/

We will cover these syllable blocks in *Book Vol.2.*

ex) 과   ex) 각   ex) 국   ex) 횟   ex) 굶   ex) 밝

part 2

10 Basic Vowels

ㅏ

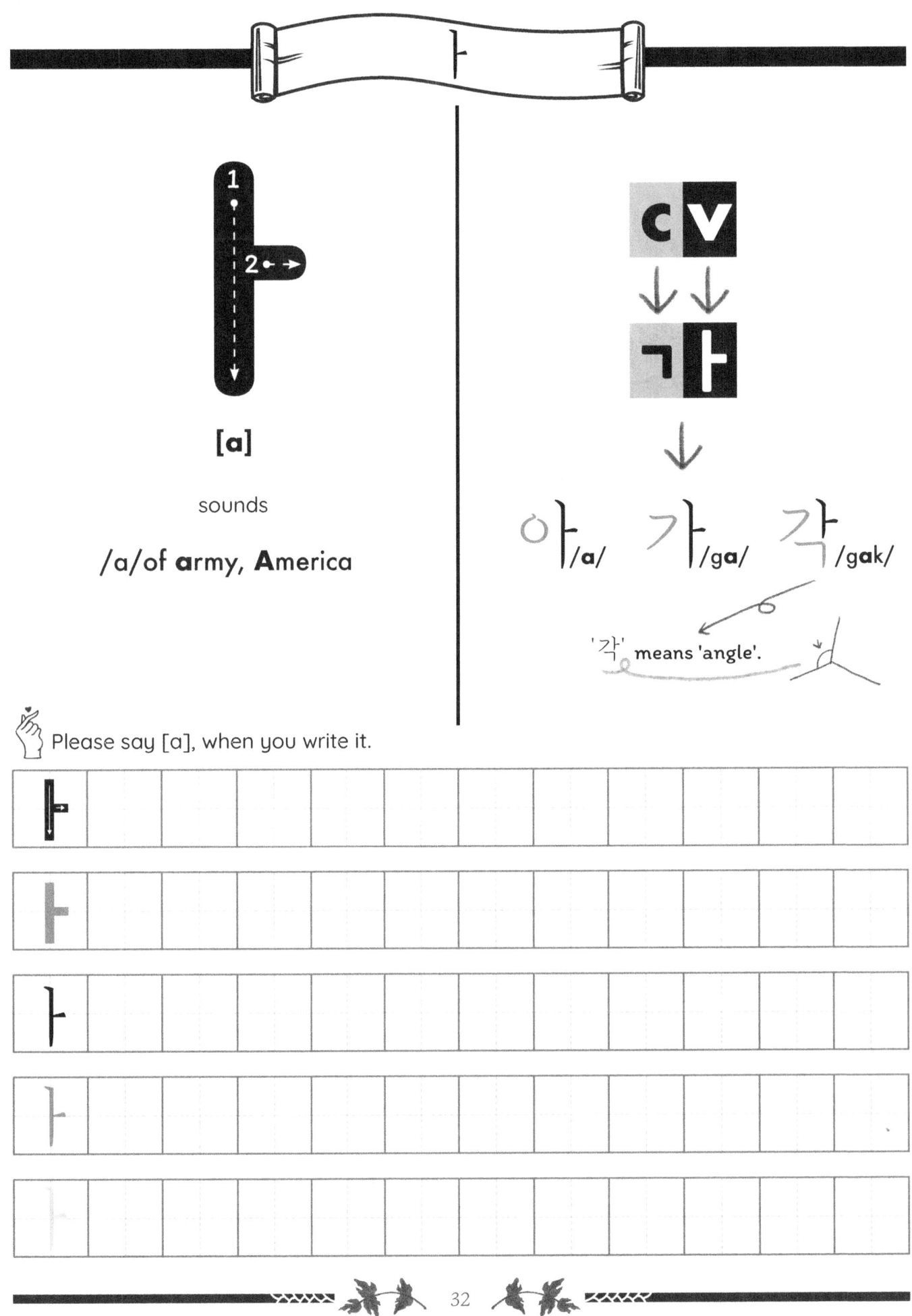

[a]

sounds

/a/ of **a**rmy, **A**merica

아 /a/   가 /ga/   각 /gak/

'각' means 'angle'.

☞ Please say [a], when you write it.

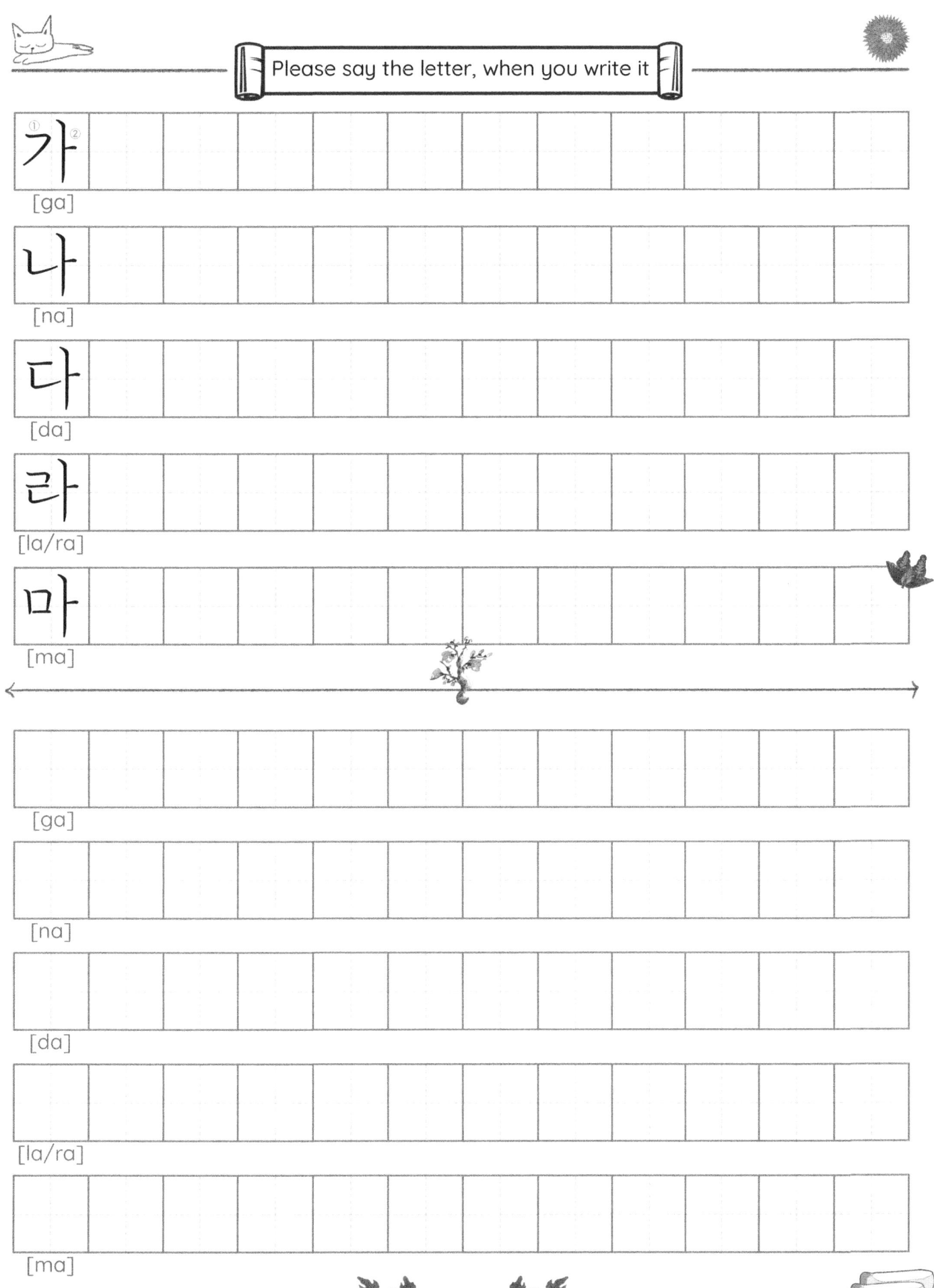

Please say the letter, when you write it

가
[ga]

나
[na]

다
[da]

라
[la/ra]

마
[ma]

[ga]

[na]

[da]

[la/ra]

[ma]

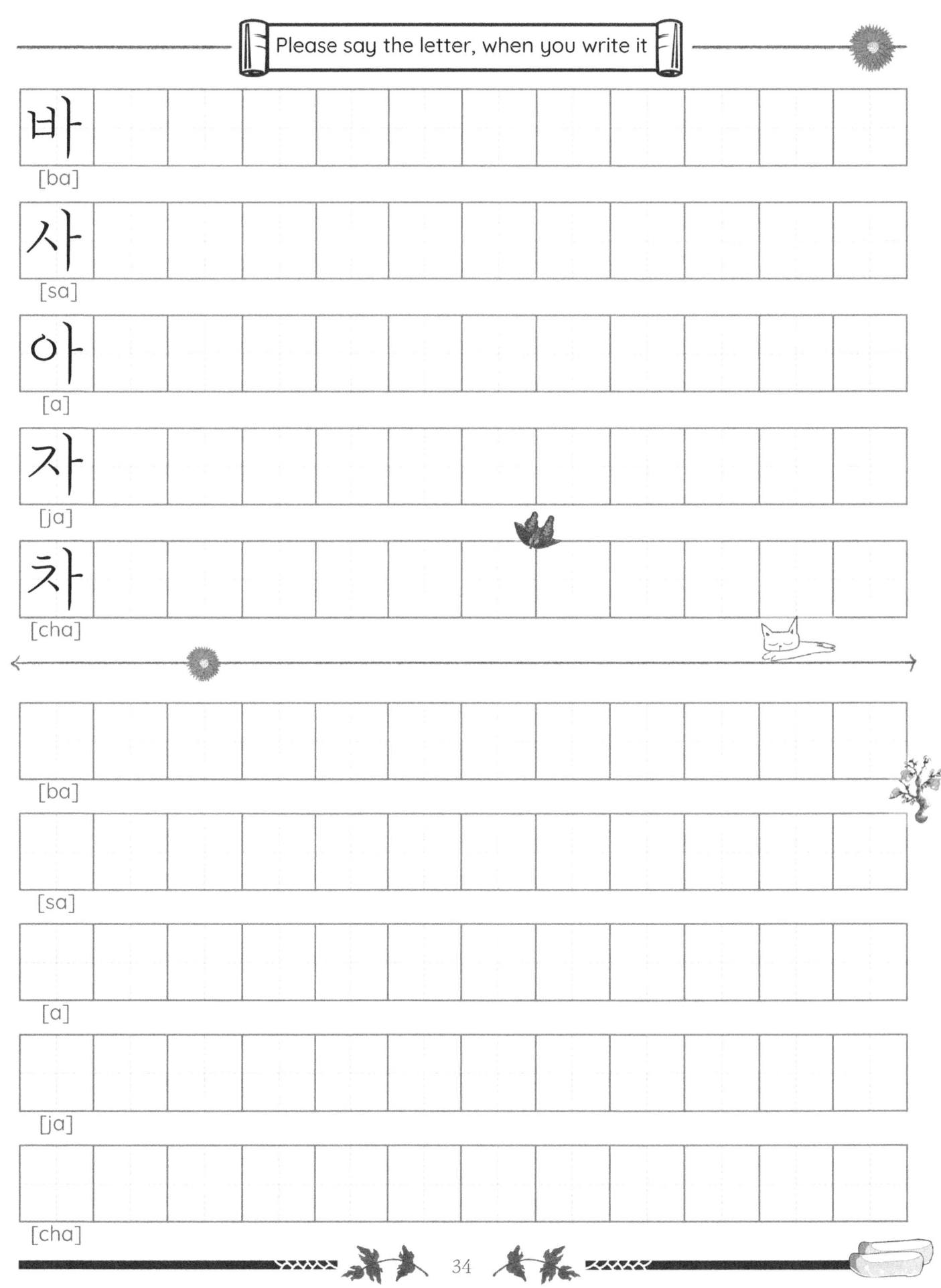

Please say the letter, when you write it

| 바 |
[ba]

| 사 |
[sa]

| 아 |
[a]

| 자 |
[ja]

| 차 |
[cha]

[ba]

[sa]

[a]

[ja]

[cha]

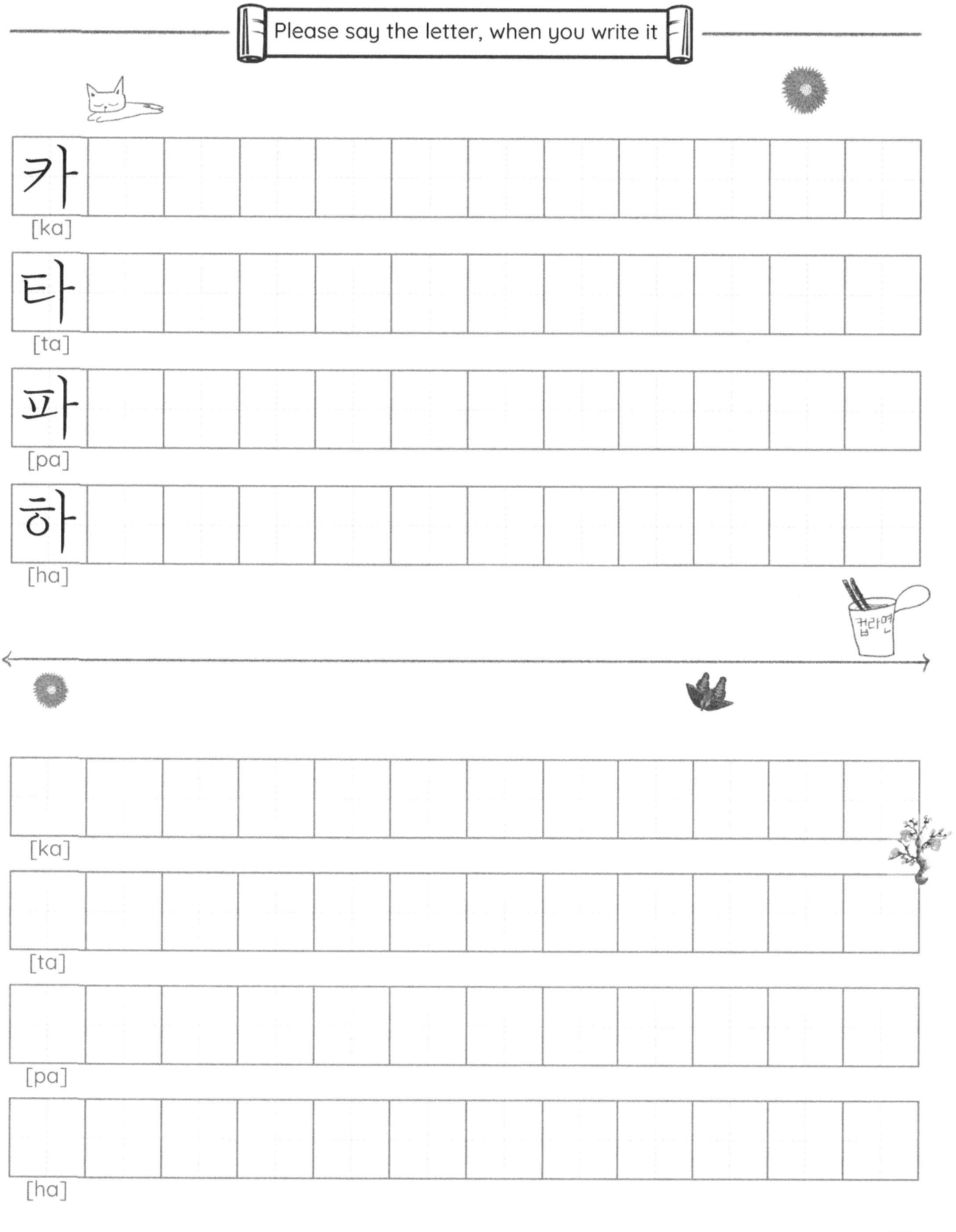

Please say the letter, when you write it

카
[ka]

타
[ta]

파
[pa]

하
[ha]

[ka]

[ta]

[pa]

[ha]

Words 단어

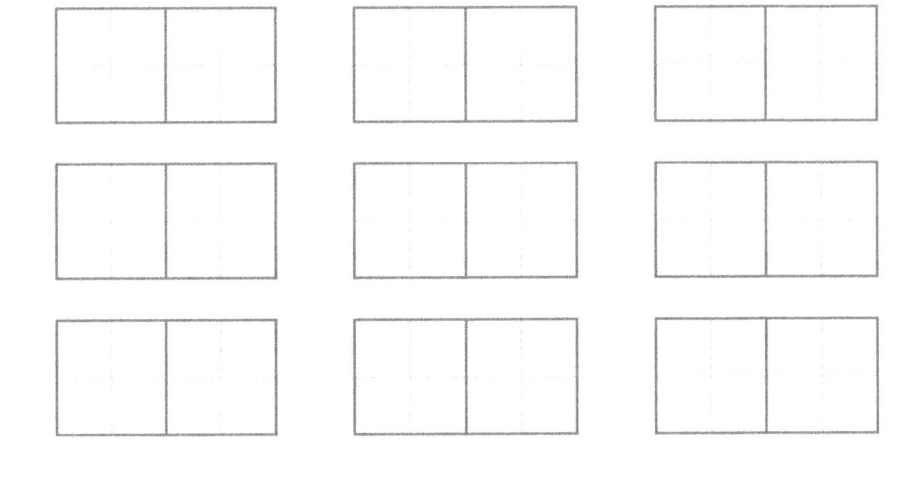

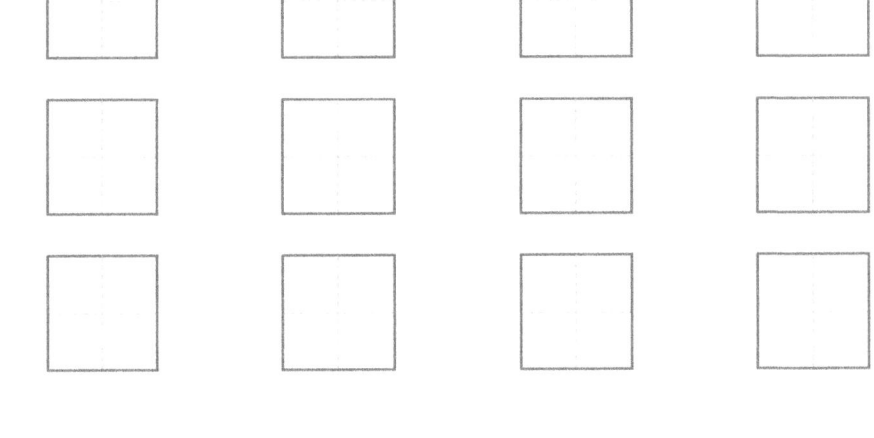

baby 아가 /a-ga/

I, me 나 /na/

hippo 하마 /ha-ma/

Words 단어

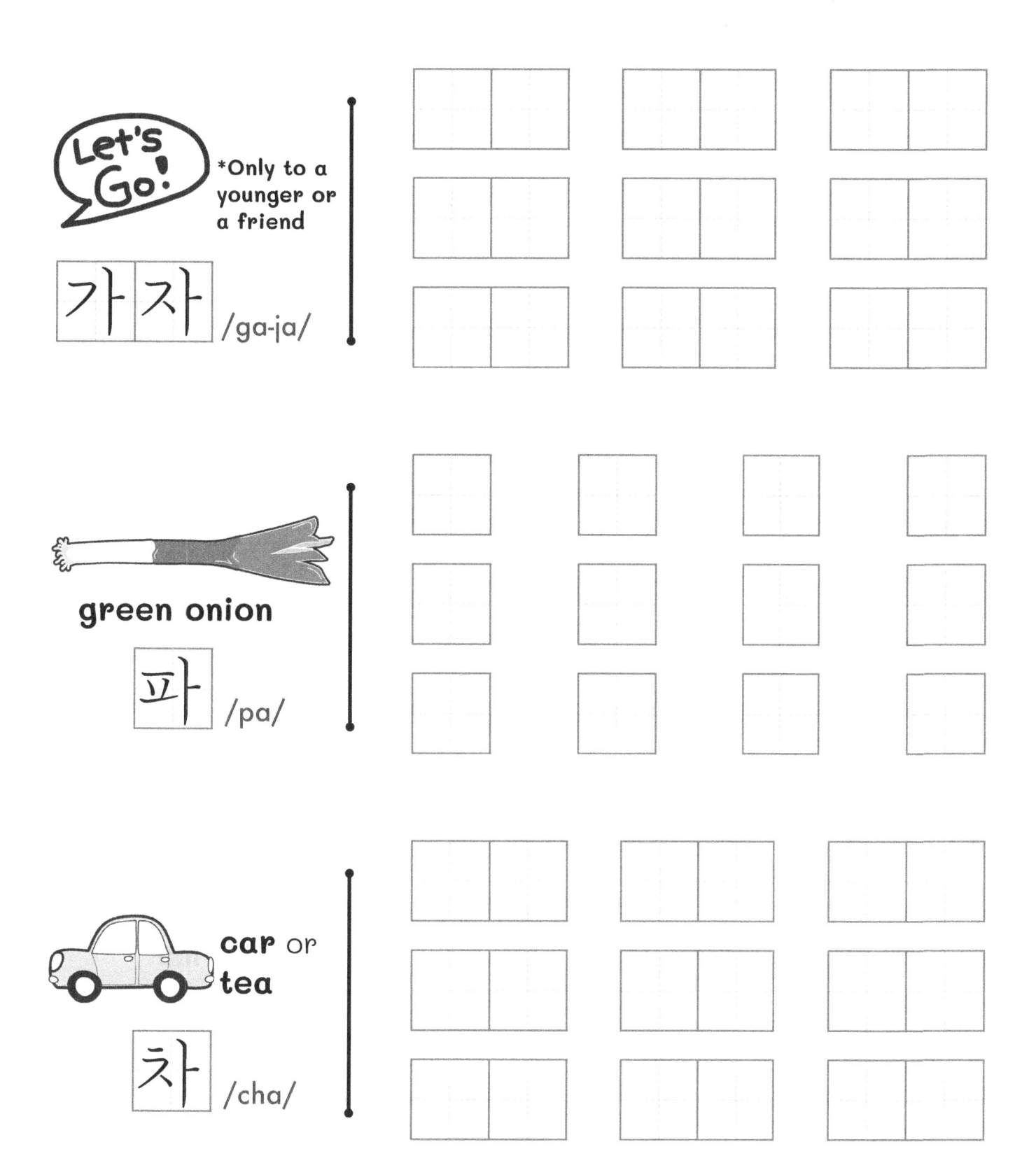

Let's Go! *Only to a younger or a friend

가자 /ga-ja/

green onion

파 /pa/

car or **tea**

차 /cha/

Quiz 복습 REVIEW

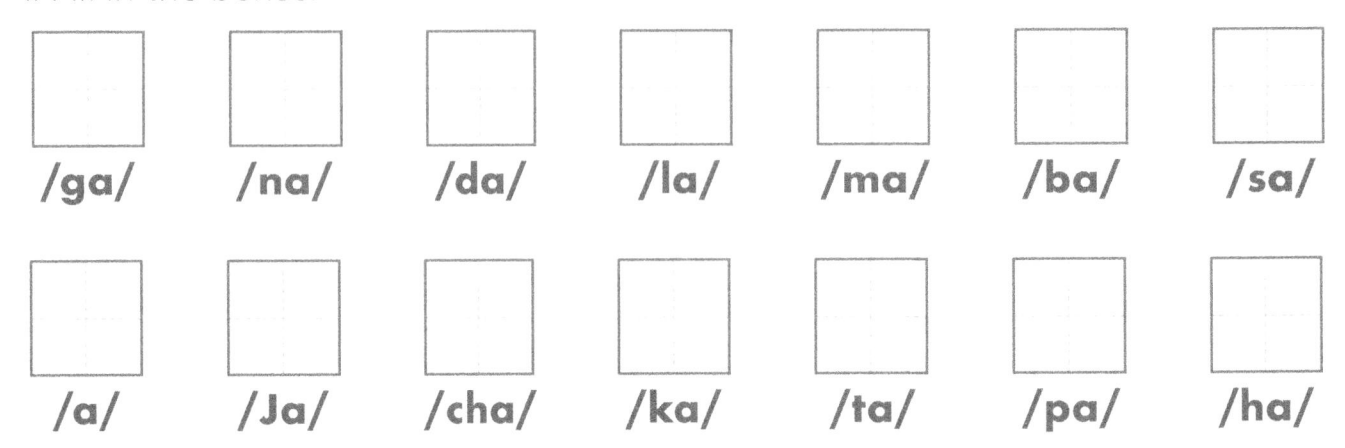

1. Fill in the boxes.

/ga/	/na/	/da/	/la/	/ma/	/ba/	/sa/

/a/	/Ja/	/cha/	/ka/	/ta/	/pa/	/ha/

2. Circle the letters which have [a].

보　전　닻　처　라　쌀　명　찾　면

3. Draw a line to match each word.

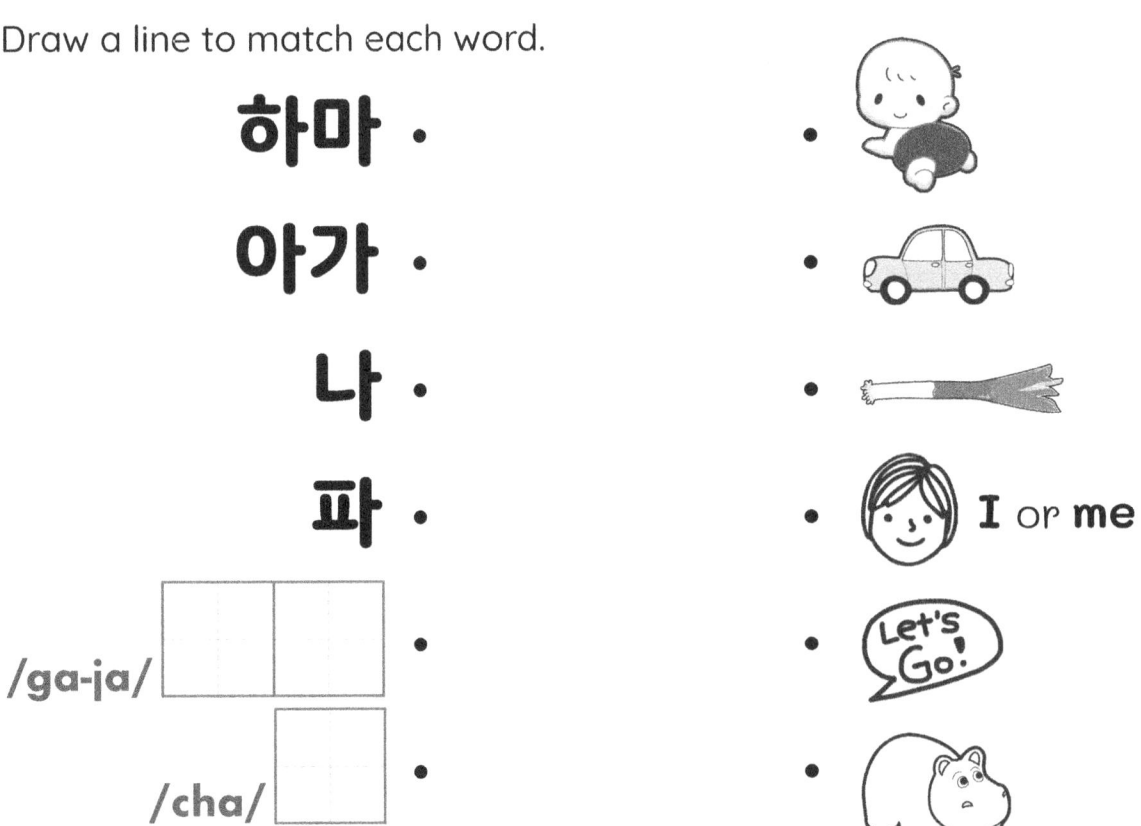

하마 ·

아가 ·

나 ·

파 ·

/ga-ja/ [ ][ ] ·

/cha/ [ ] ·

ㅑ

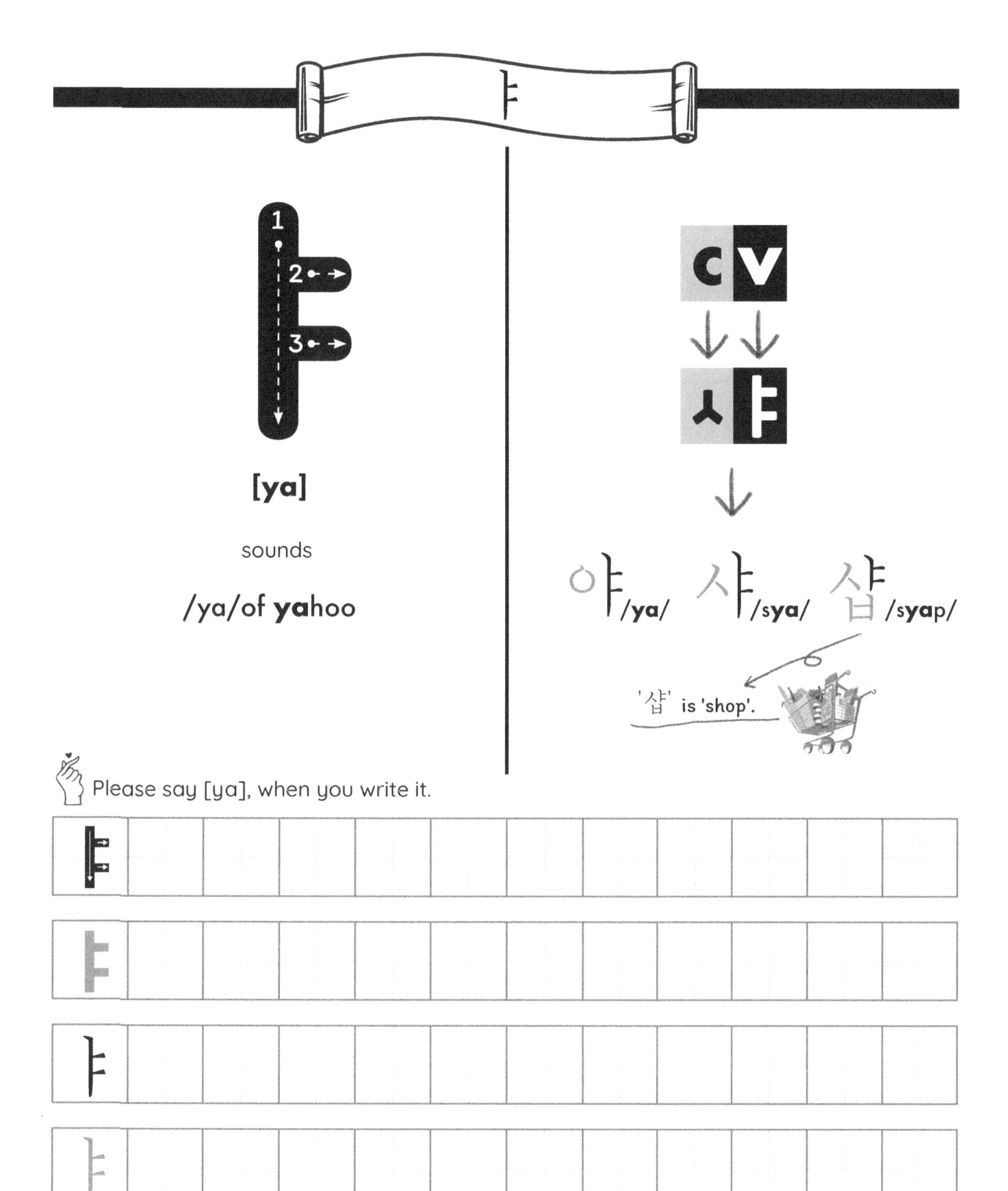

[ya]

sounds

/ya/ of **ya**hoo

야/ya/ 샤/sya/ 샵/syap/

'샵' is 'shop'.

👆 Please say [ya], when you write it.

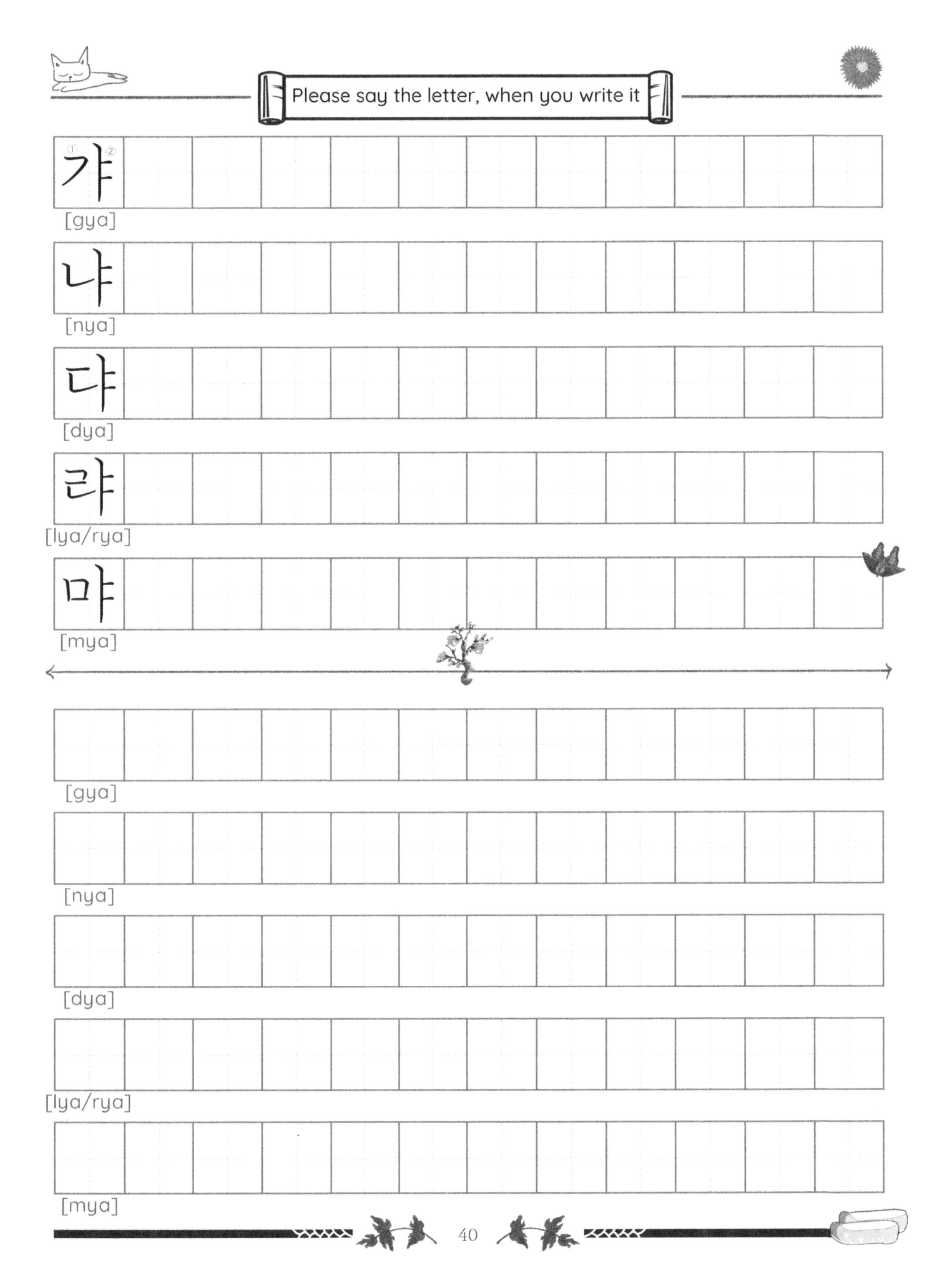

Please say the letter, when you write it

갸
[gya]

냐
[nya]

댜
[dya]

랴
[lya/rya]

먀
[mya]

[gya]

[nya]

[dya]

[lya/rya]

[mya]

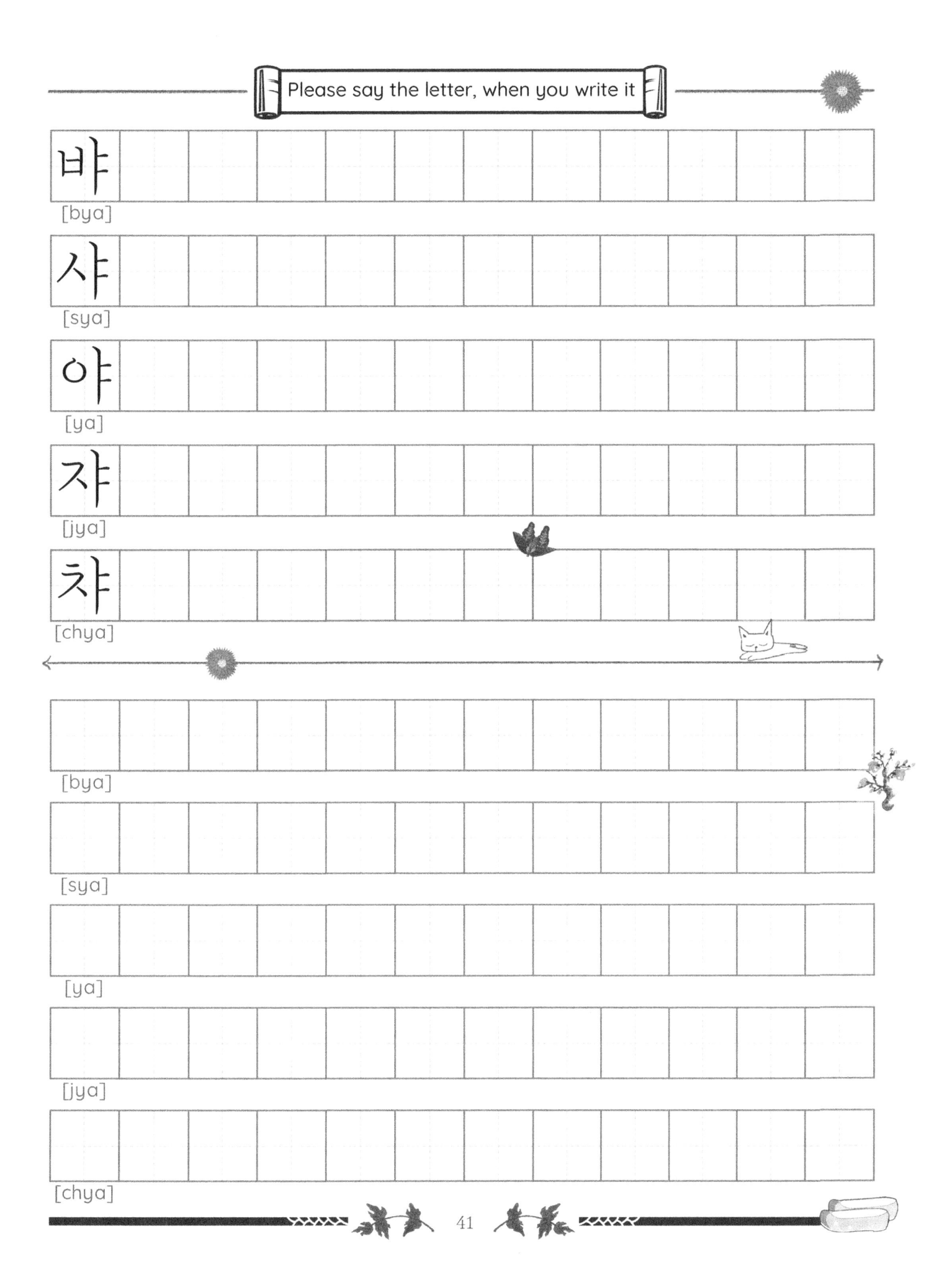

Please say the letter, when you write it

바
[bya]

샤
[sya]

야
[ya]

쟈
[jya]

챠
[chya]

[bya]

[sya]

[ya]

[jya]

[chya]

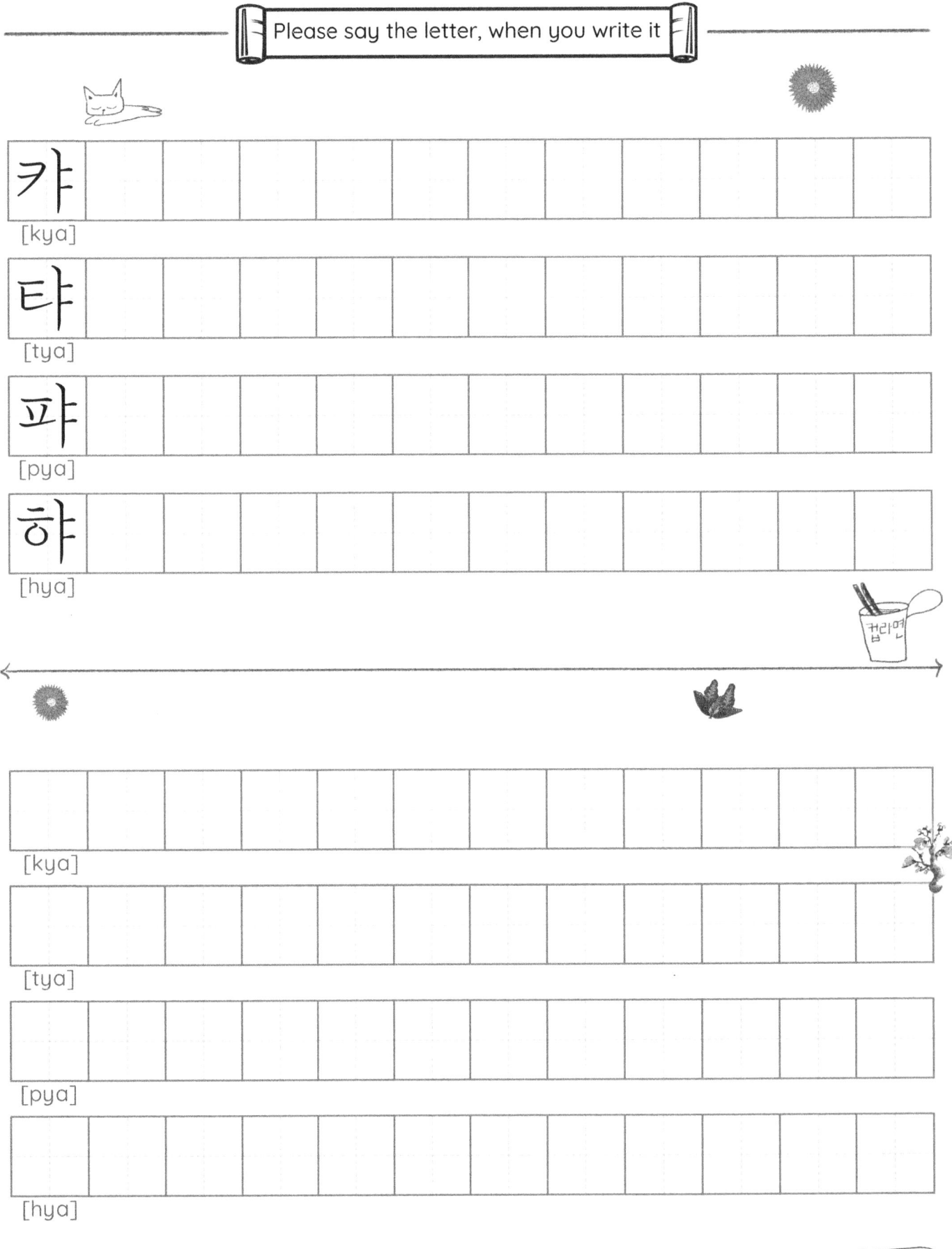

Please say the letter, when you write it

캬
[kya]

탸
[tya]

퍄
[pya]

햐
[hya]

[kya]

[tya]

[pya]

[hya]

Words 단어

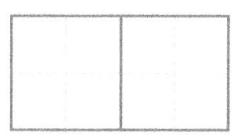

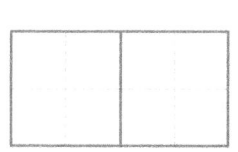

Ouch!
아야 /a-ya/

"Hey!"
*Only to a younger or a friend
야 /ya/

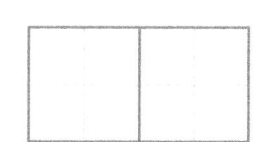

ride, burn
타다 /ta-da/

Words 단어

아냐 /a-nya/
"No."
*Only to a younger or a friend

자 /ja/
ruler, "Let's~"

Let's go! -가자!
Let's do it! -하자!
*Only to a younger or a friend

사다 /sa-da/
buy

Quiz 복습 REVIEW

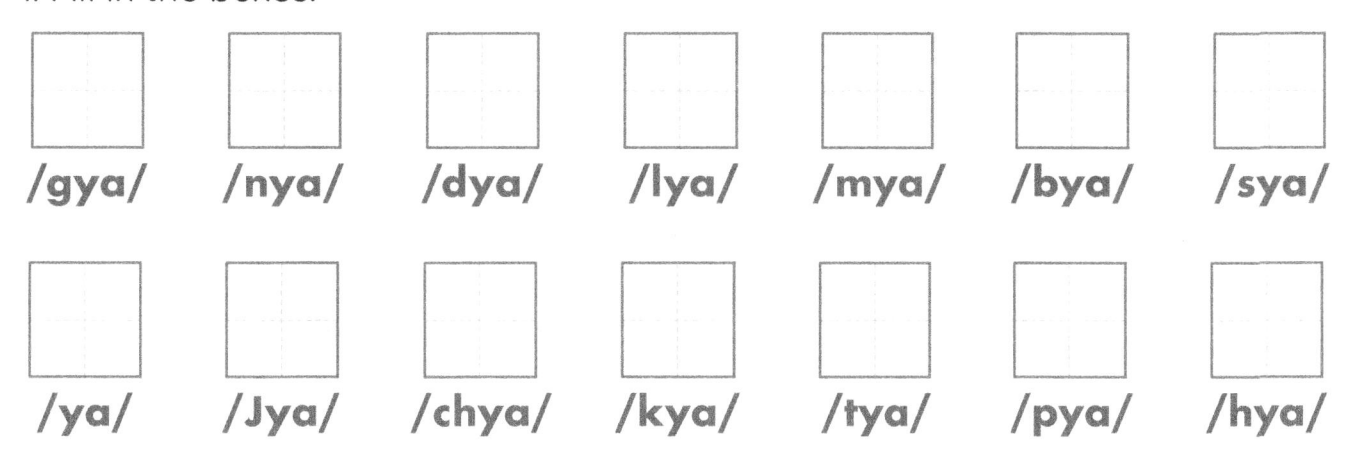

1. Fill in the boxes.

/gya/	/nya/	/dya/	/lya/	/mya/	/bya/	/sya/

/ya/	/Jya/	/chya/	/kya/	/tya/	/pya/	/hya/

2. Circle the letters which have [ya].

캬   정   냐   차   얇   걸   향   성   묵

3. Draw a line to match each word.

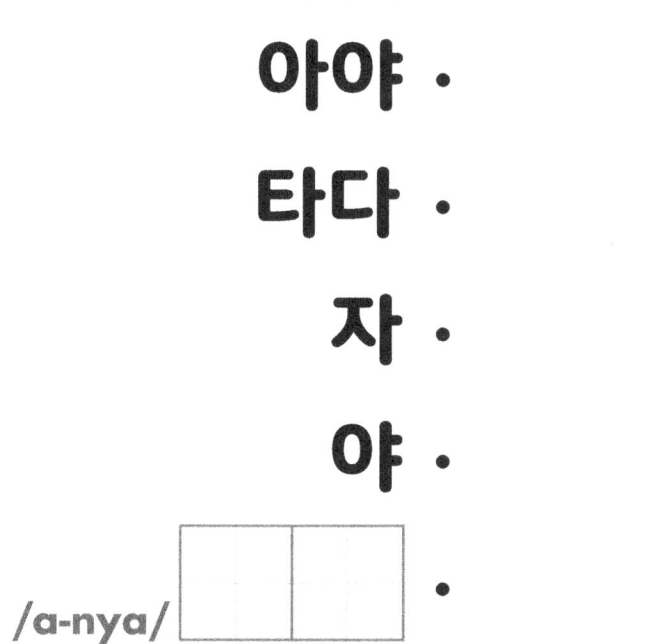

아야 ·   · Hey!

타다 ·   · Ouch!

자 ·   · (No)

야 ·   · ruler

/a-nya/ ☐☐ ·   · buy

/sa-da/ ☐☐ ·   · ride, burn

ㅓ

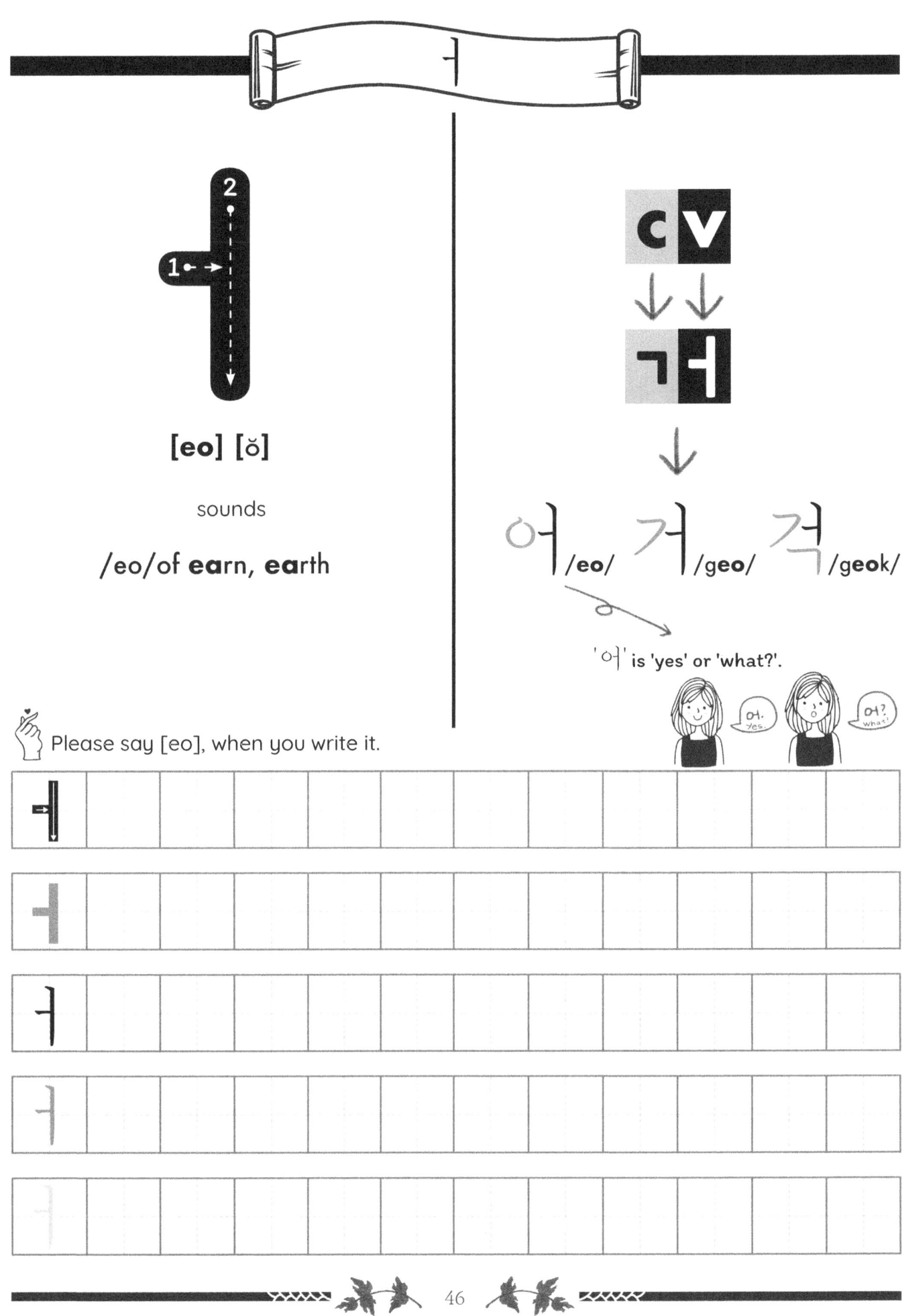

[eo] [ŏ]

sounds

/eo/ of **ea**rn, **ea**rth

어 /eo/   거 /geo/   격 /geok/

'어' is 'yes' or 'what?'.

Please say [eo], when you write it.

Please say the letter, when you write it

거
[geo]

너
[neo]

더
[deo]

러
[leo/reo]

머
[meo]

[geo]

[neo]

[deo]

[leo/reo]

[meo]

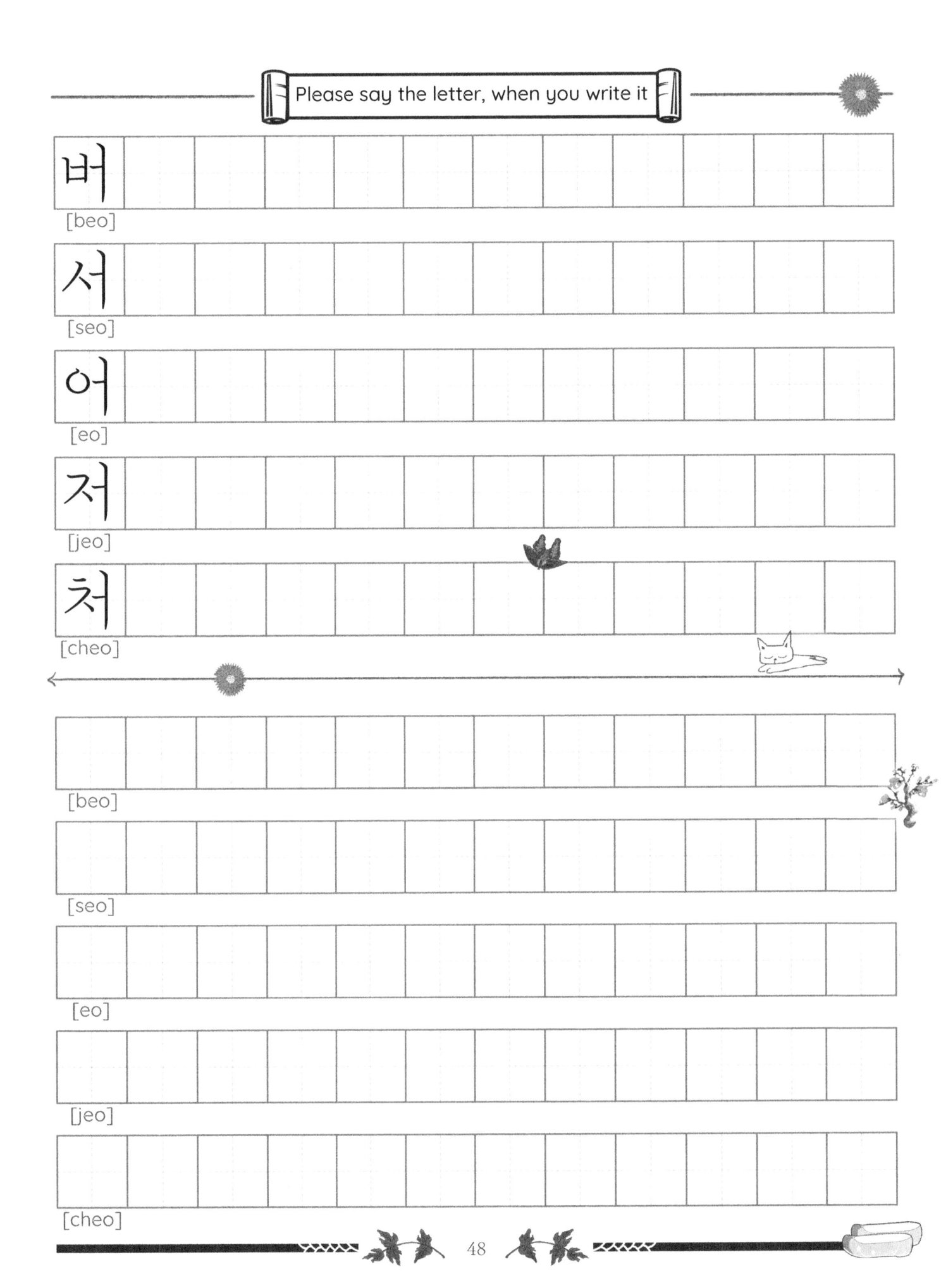

Please say the letter, when you write it

| 버 |
[beo]

| 서 |
[seo]

| 어 |
[eo]

| 저 |
[jeo]

| 처 |
[cheo]

[beo]

[seo]

[eo]

[jeo]

[cheo]

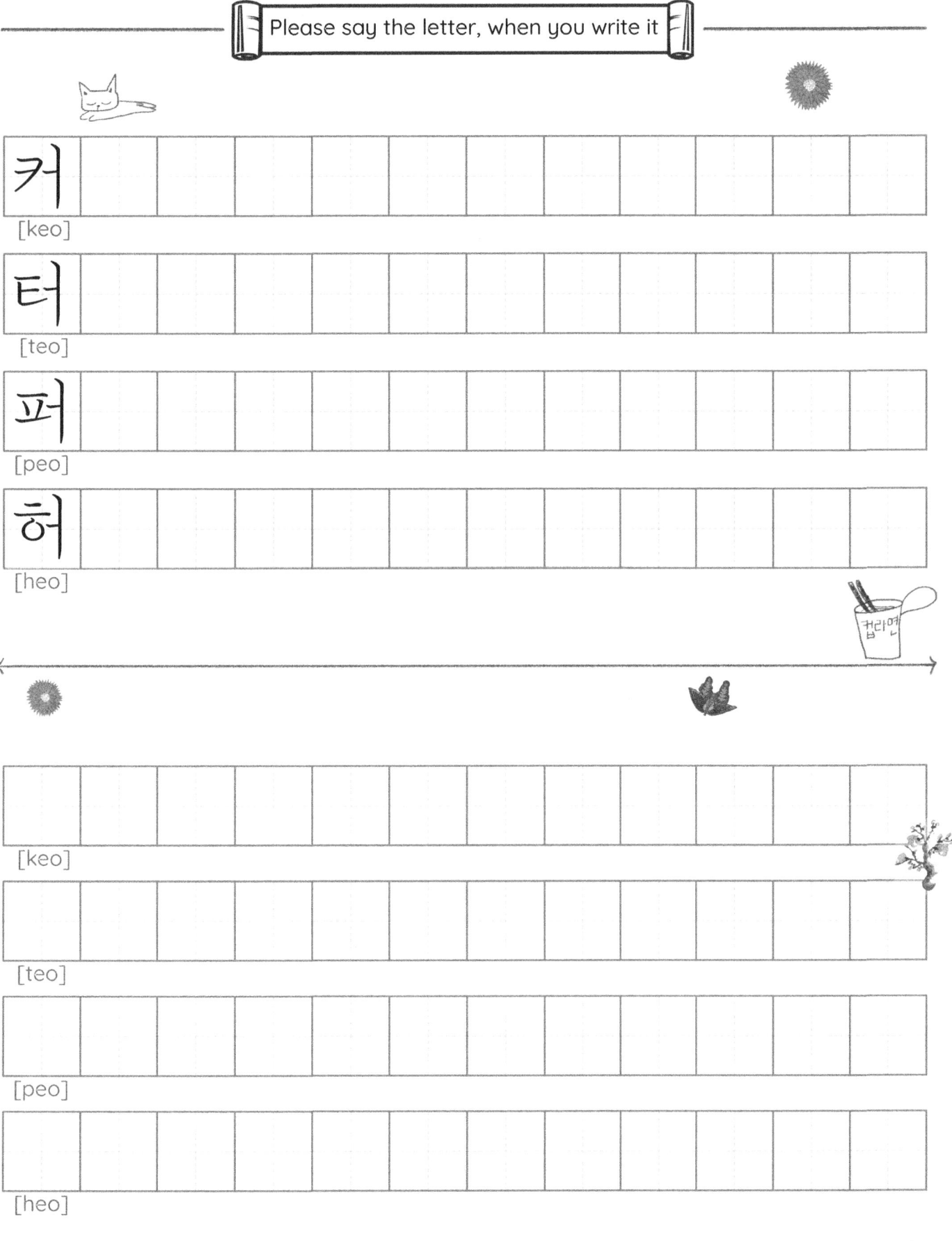

Please say the letter, when you write it

커 [keo]

터 [teo]

퍼 [peo]

허 [heo]

[keo]

[teo]

[peo]

[heo]

Words 단어

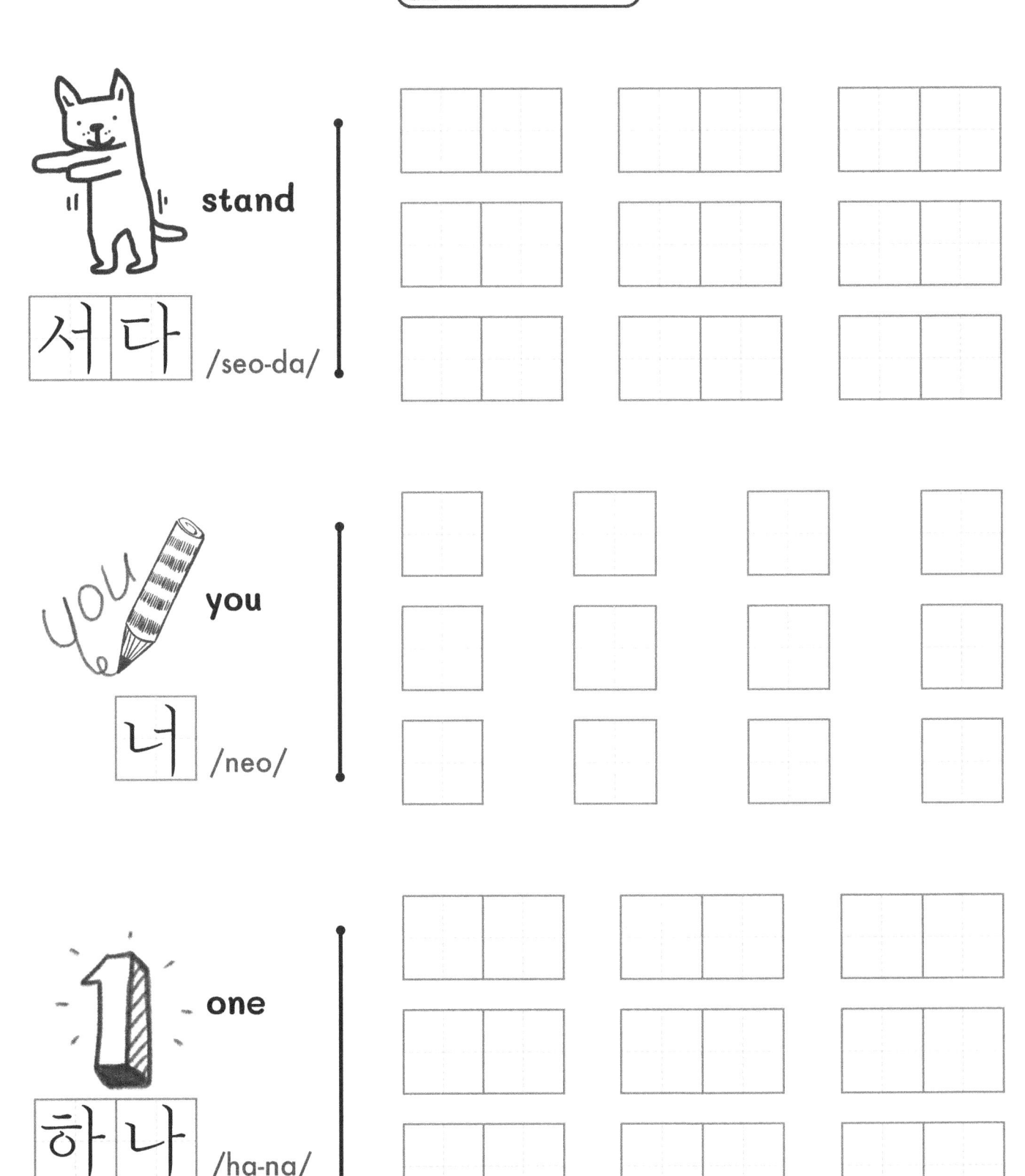

stand
서다 /seo-da/

you
너 /neo/

one
하나 /ha-na/

Words 단어

butter

버터 /beo-teo/

more

더 /deo/

"Yep." or "what?"
*Only to a younger or a friend

어 /eo/

Quiz 복습 REVIEW

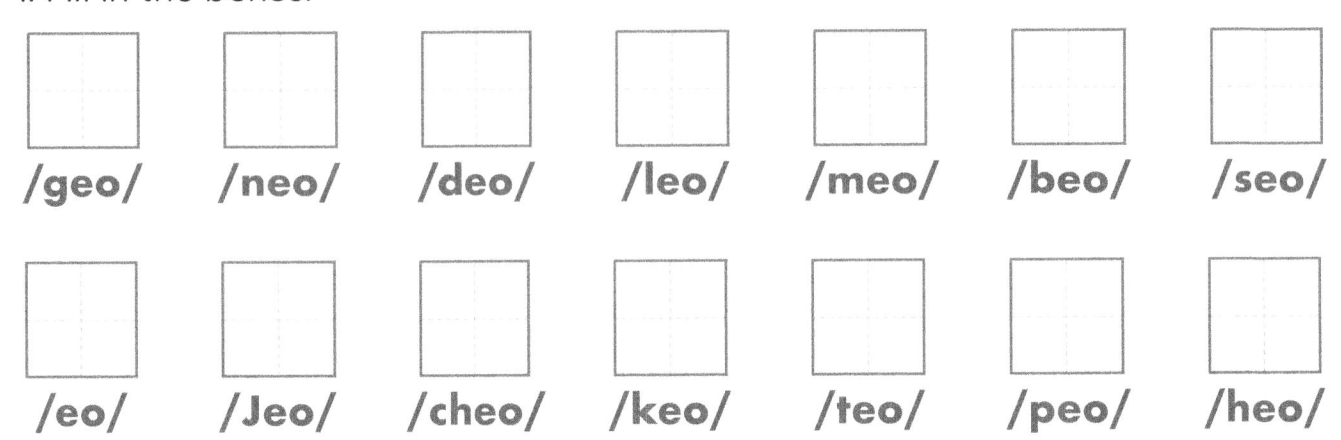

1. Fill in the boxes.

| /geo/ | /neo/ | /deo/ | /leo/ | /meo/ | /beo/ | /seo/ |

| /eo/ | /Jeo/ | /cheo/ | /keo/ | /teo/ | /peo/ | /heo/ |

2. Circle the letters which have [eo].

버 전 덩 청 래 솔 명 청 물

3. Draw a line to match each word.

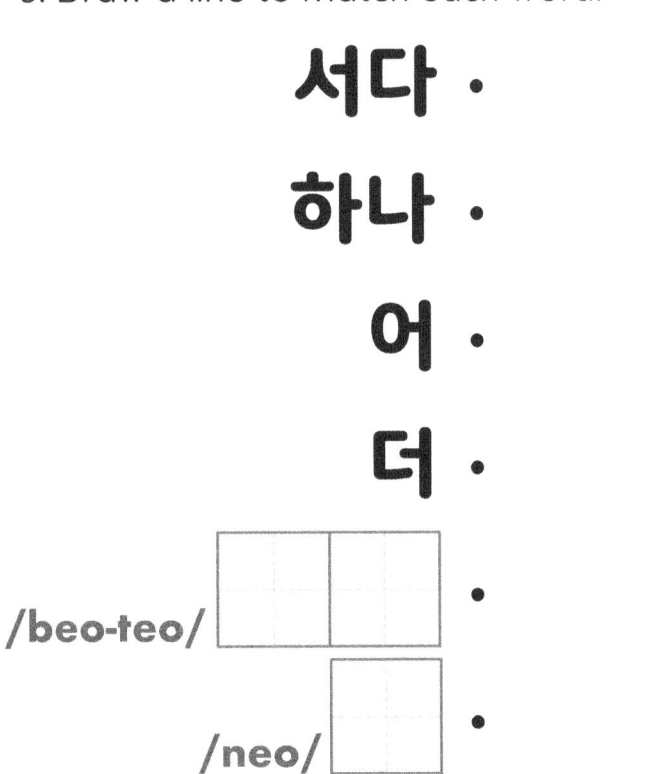

서다 •
하나 •
어 •
더 •

• More
• butter
• 1
• you

/beo-teo/ •
/neo/ •

• "Yep." or "what?"

ㅕ

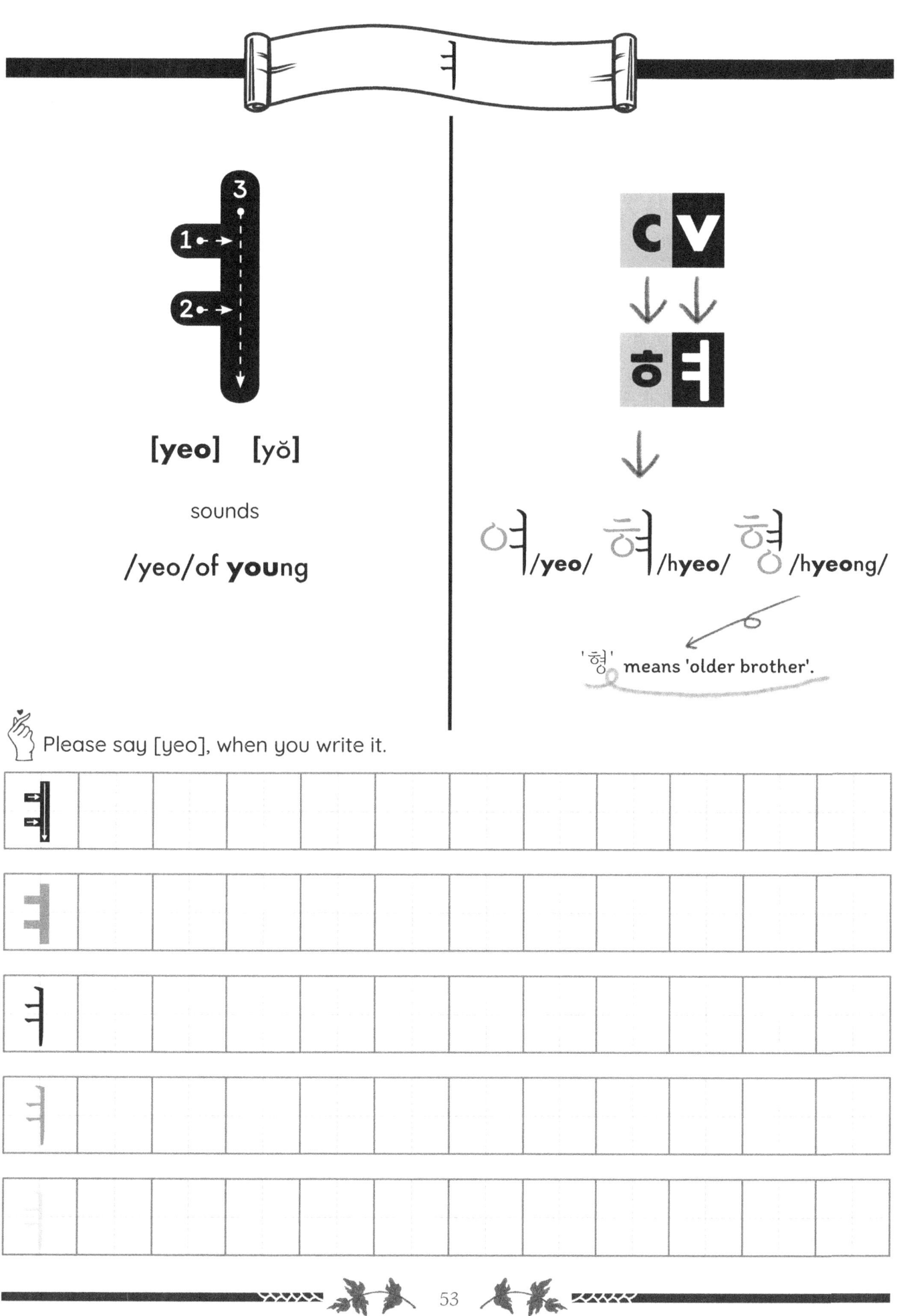

[yeo] [yǒ]

sounds

/yeo/ of **you**ng

C V
↓ ↓
ㅎ ㅕ
↓

여 /yeo/ 혀 /hyeo/ 형 /hyeong/

'형' means 'older brother'.

Please say [yeo], when you write it.

53

Please say the letter, when you write it

겨
[gyeo]

녀
[nyeo]

뎌
[dyeo]

려
[lyeo /ryeo]

며
[myeo]

[gyeo]

[nyeo]

[dyeo]

[lyeo /ryeo]

[myeo]

Please say the letter, when you write it

벼
[byeo]

셔
[syeo]

여
[yeo]

져
[jyeo]

쳐
[chyeo]

[byeo]

[syeo]

[yeo]

[jyeo]

[chyeo]

Please say the letter, when you write it

켜
[kyeo]

터
[tyeo]

퍼
[pyeo]

혀
[hyeo]

[kyeo]

[tyeo]

[pyeo]

[hyeo]

Words 단어

woman
여자 /yeo-ja/

here
여기 /yeo-gi/

witch
마녀 /ma-nyeo/

Words 단어

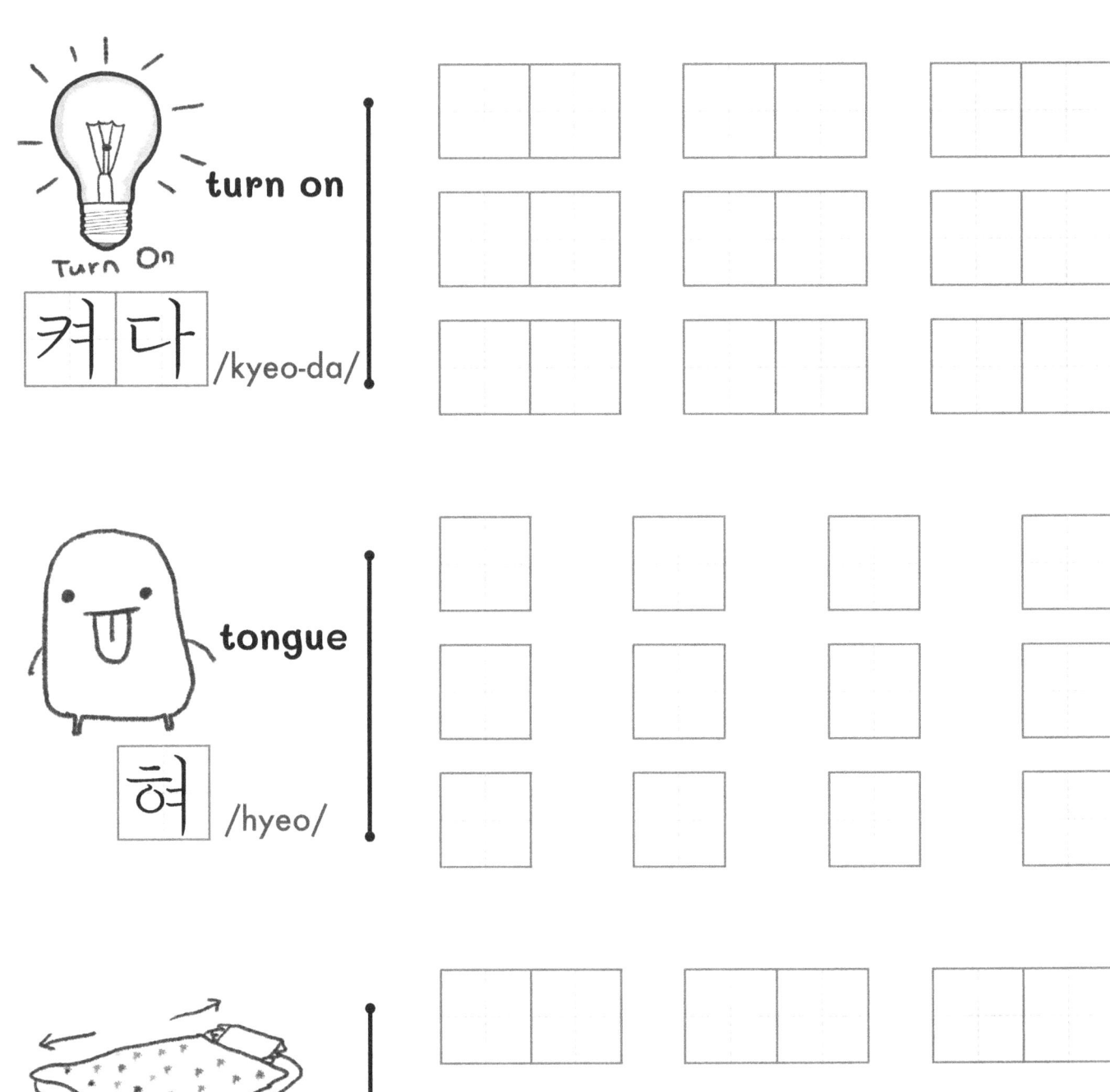

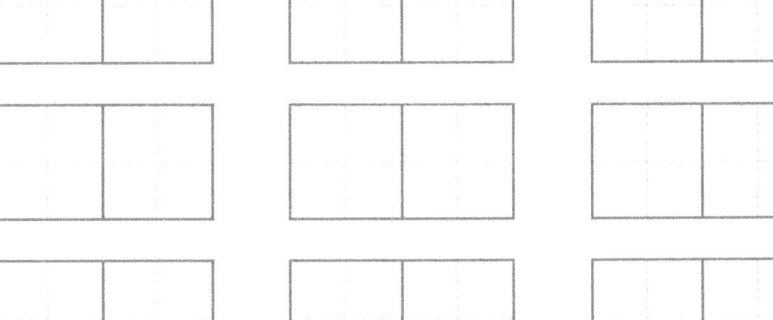

turn on — 켜다 /kyeo-da/

tongue — 혀 /hyeo/

Spread — 펴다 /pyeo-da/

Quiz 복습

1. Fill in the boxes.

| /gyeo/ | /nyeo/ | /dyeo/ | /lyeo/ | /myeo/ | /byeo/ | /syeo/ |

| /yeo/ | /Jyeo/ | /chyeo/ | /kyeo/ | /tyeo/ | /pyeo/ | /hyeo/ |

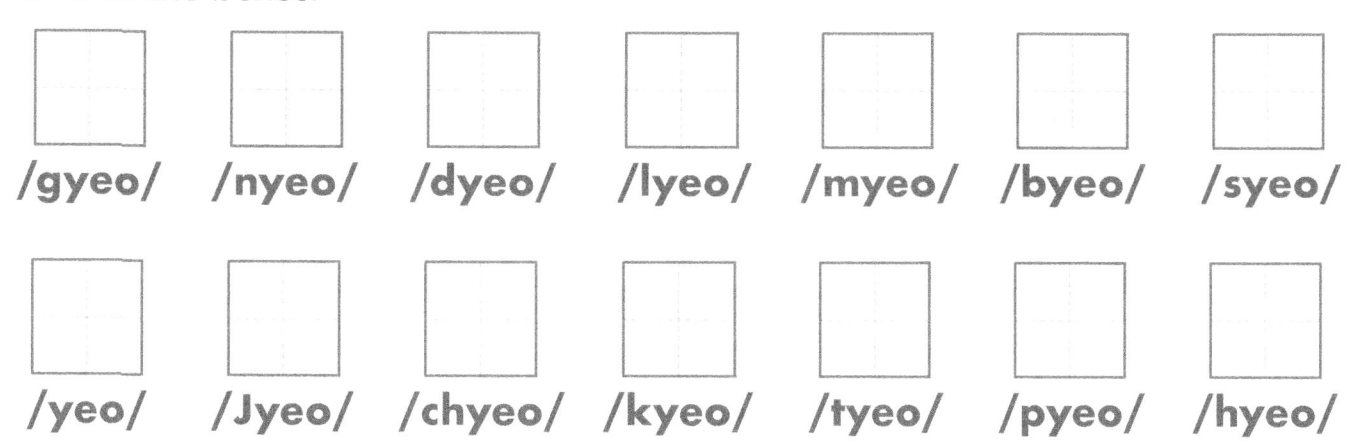

2. Circle the letters which have [yeo].

반 **여** 덕 형 불 송 장 할 면

3. Draw a line to match each word.

마녀 · · (witch)

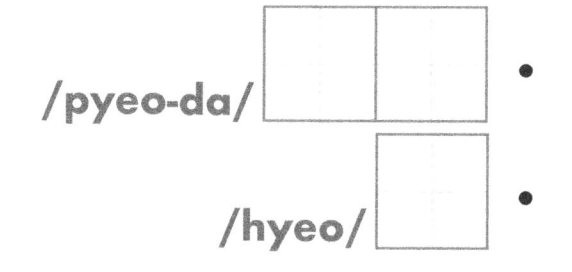

켜다 · · woman

여기 · · (lightbulb — Turn On)

여자  · · tongue

/pyeo-da/ · · Spread

/hyeo/ · · (Here!)

ㅗ

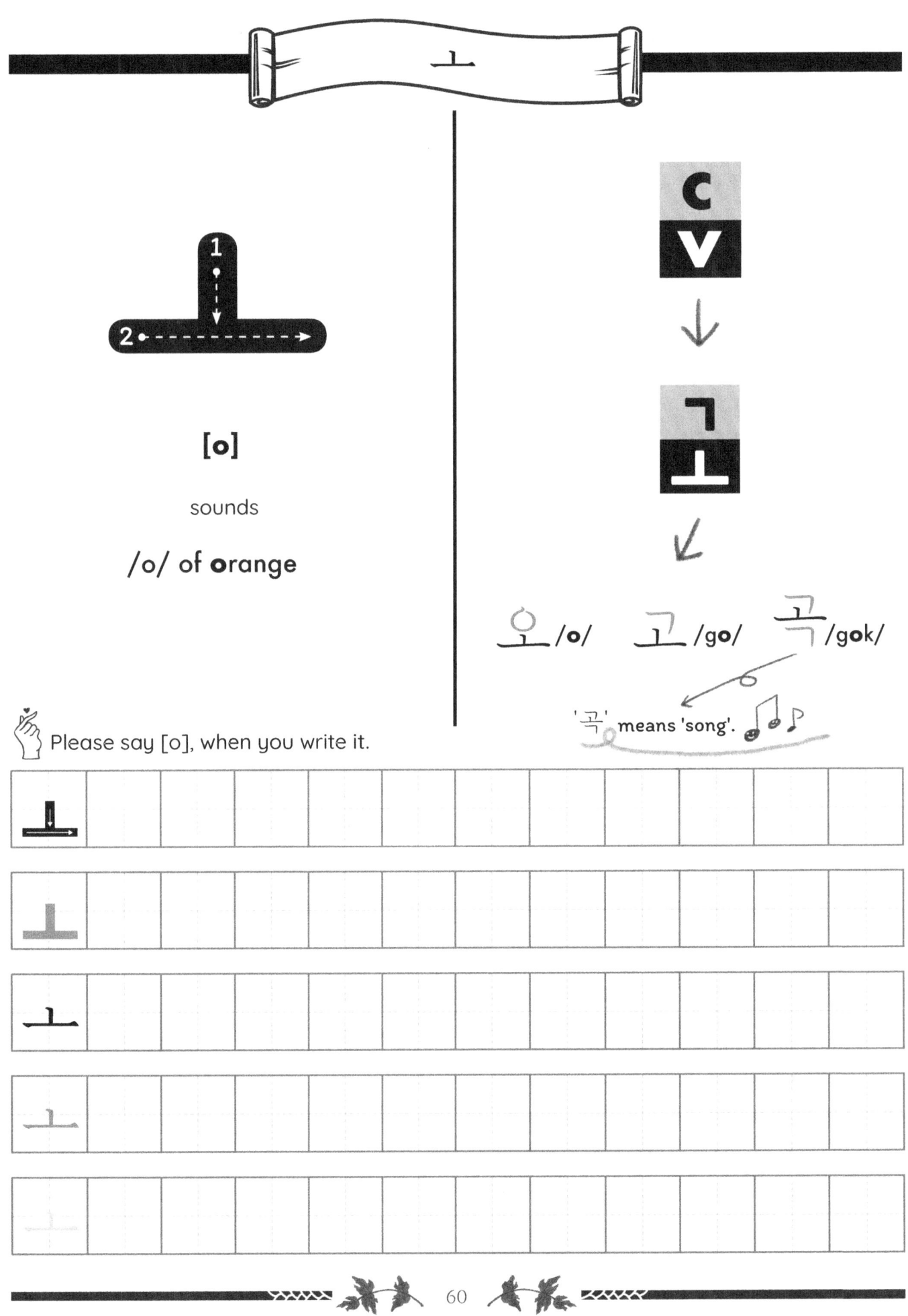

[o]

sounds

/o/ of **o**range

오 /o/ 고 /go/ 곡 /gok/

'곡' means 'song'.

Please say [o], when you write it.

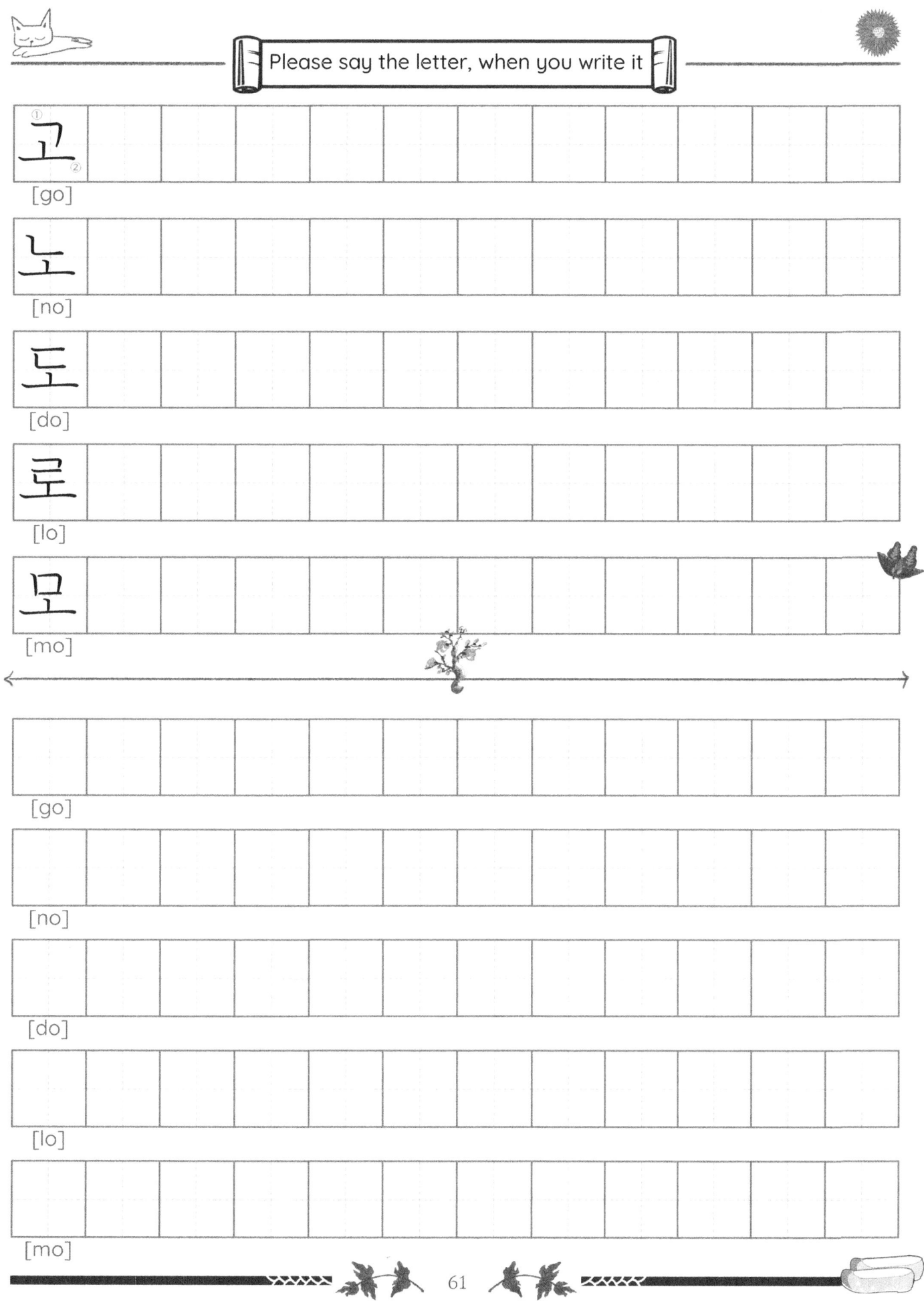

Please say the letter, when you write it

고
[go]

노
[no]

도
[do]

로
[lo]

모
[mo]

[go]

[no]

[do]

[lo]

[mo]

Please say the letter, when you write it

보
[bo]

소
[so]

오
[o]

조
[jo]

초
[cho]

[bo]

[so]

[o]

[jo]

[cho]

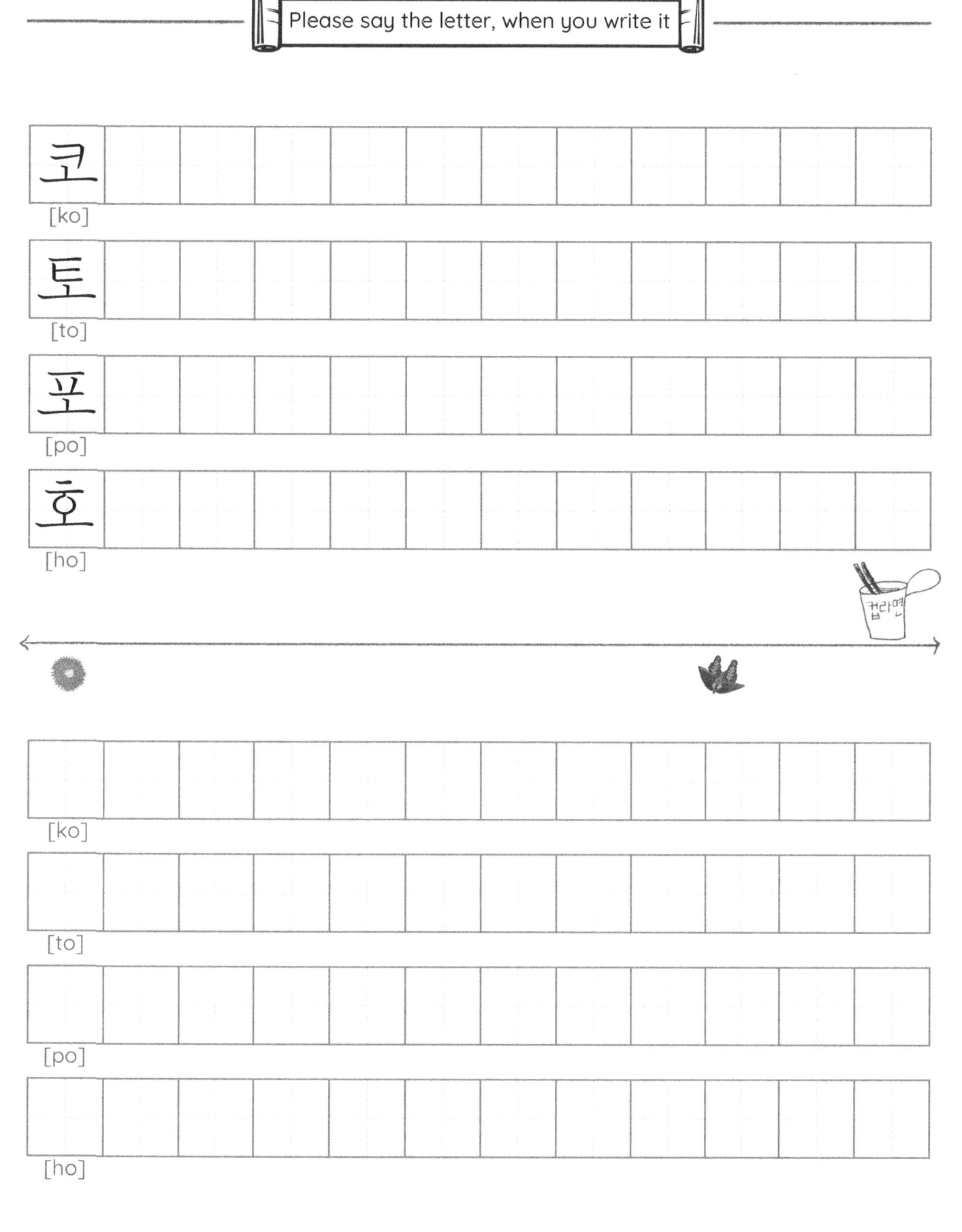

Please say the letter, when you write it

코 [ko]

토 [to]

포 [po]

호 [ho]

[ko]

[to]

[po]

[ho]

Words 단어

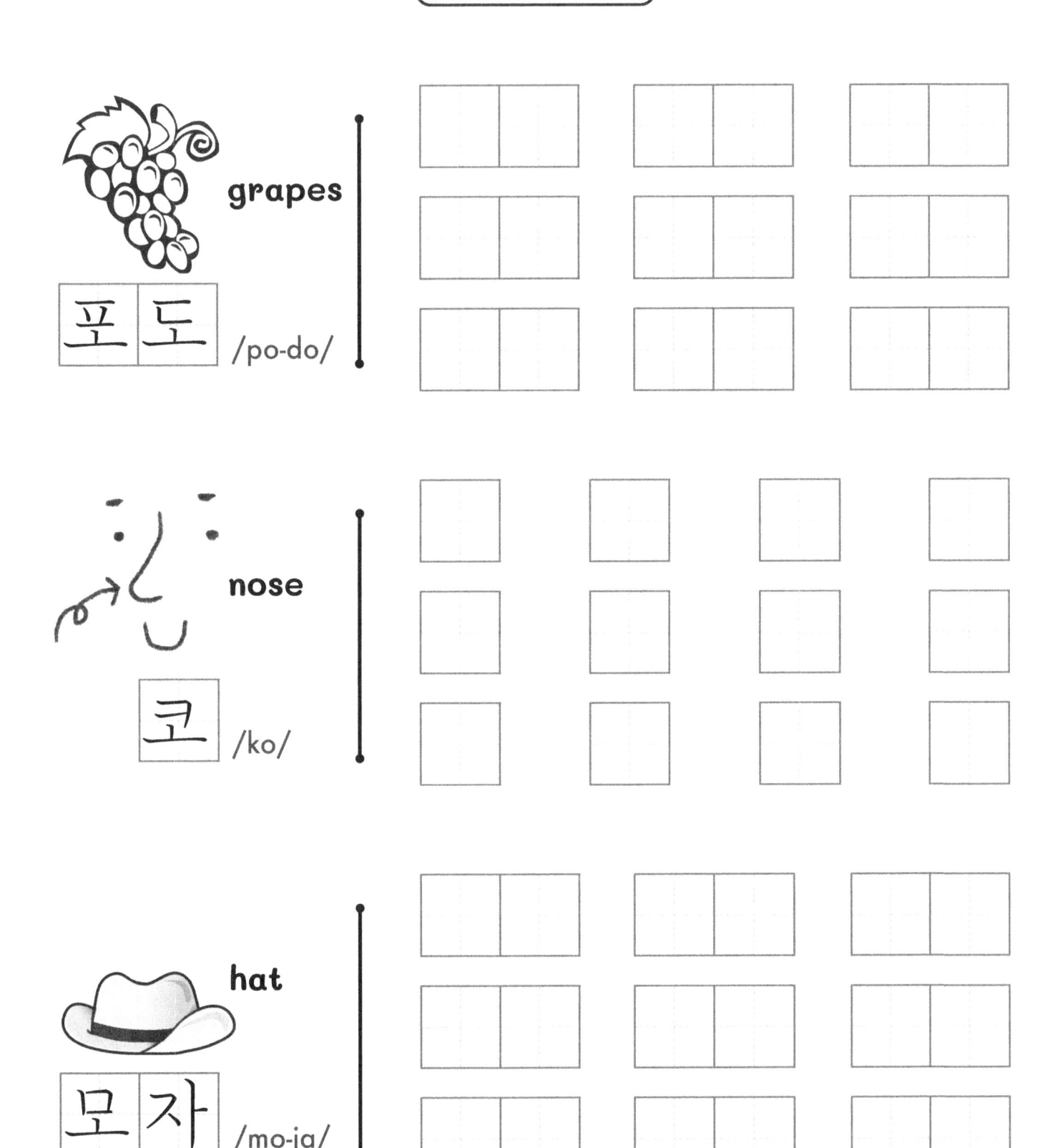

grapes 포도 /po-do/

nose 코 /ko/

hat 모자 /mo-ja/

Words 단어

come
오다 /o-da/

cow
소 /so/

road
도로 /do-lo/

Quiz 복습 REVIEW

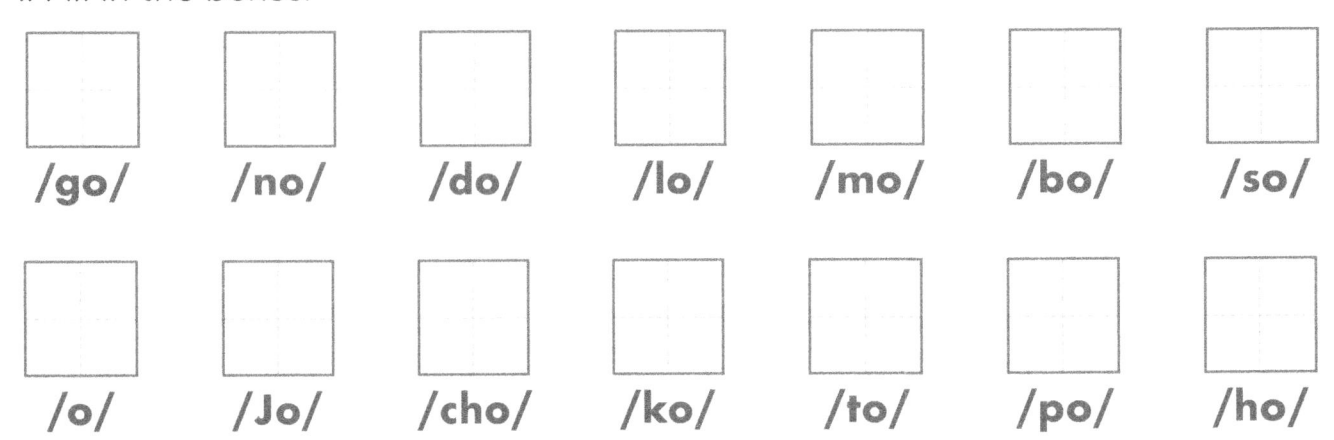

1. Fill in the boxes.

/go/	/no/	/do/	/lo/	/mo/	/bo/	/so/

/o/	/Jo/	/cho/	/ko/	/to/	/po/	/ho/

2. Circle the letters which have [o].

독 **도** 는 우 리 땅 행 복 록

3. Draw a line to match each word.

오다 ·

도로 ·

소 ·

포도 ·

/mo-ja/

/ko/

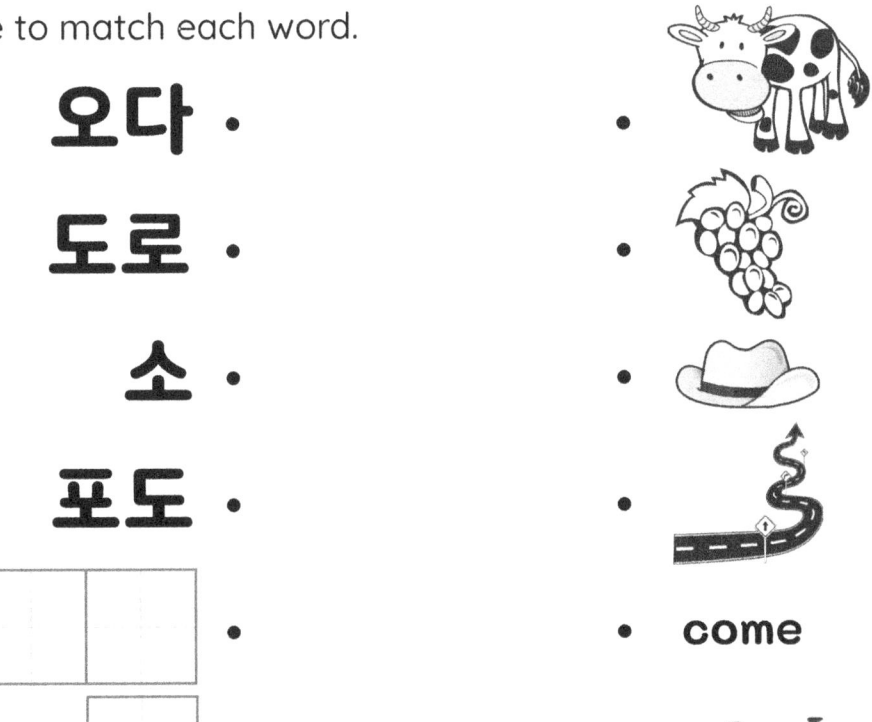

· come

ㅛ

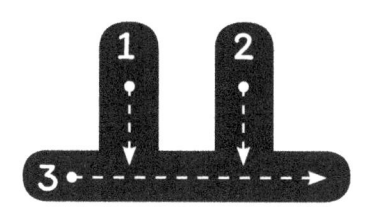

[yo]

sounds

/yo/ of **yo**-**yo**, **yo**ga

ㅛ /yo/   교 /gyo/

'요' makes everything more polite in Korean.

ex)
Thank you > 고마워   고마워**요**
- More polite -

👆 Please say [yo], when you write it.

Please say the letter, when you write it

교
[gyo]

뇨
[nyo]

됴
[dyo]

료
[lyo/ryo]

묘
[myo]

[gyo]

[nyo]

[dyo]

[lyo/ryo]

[myo]

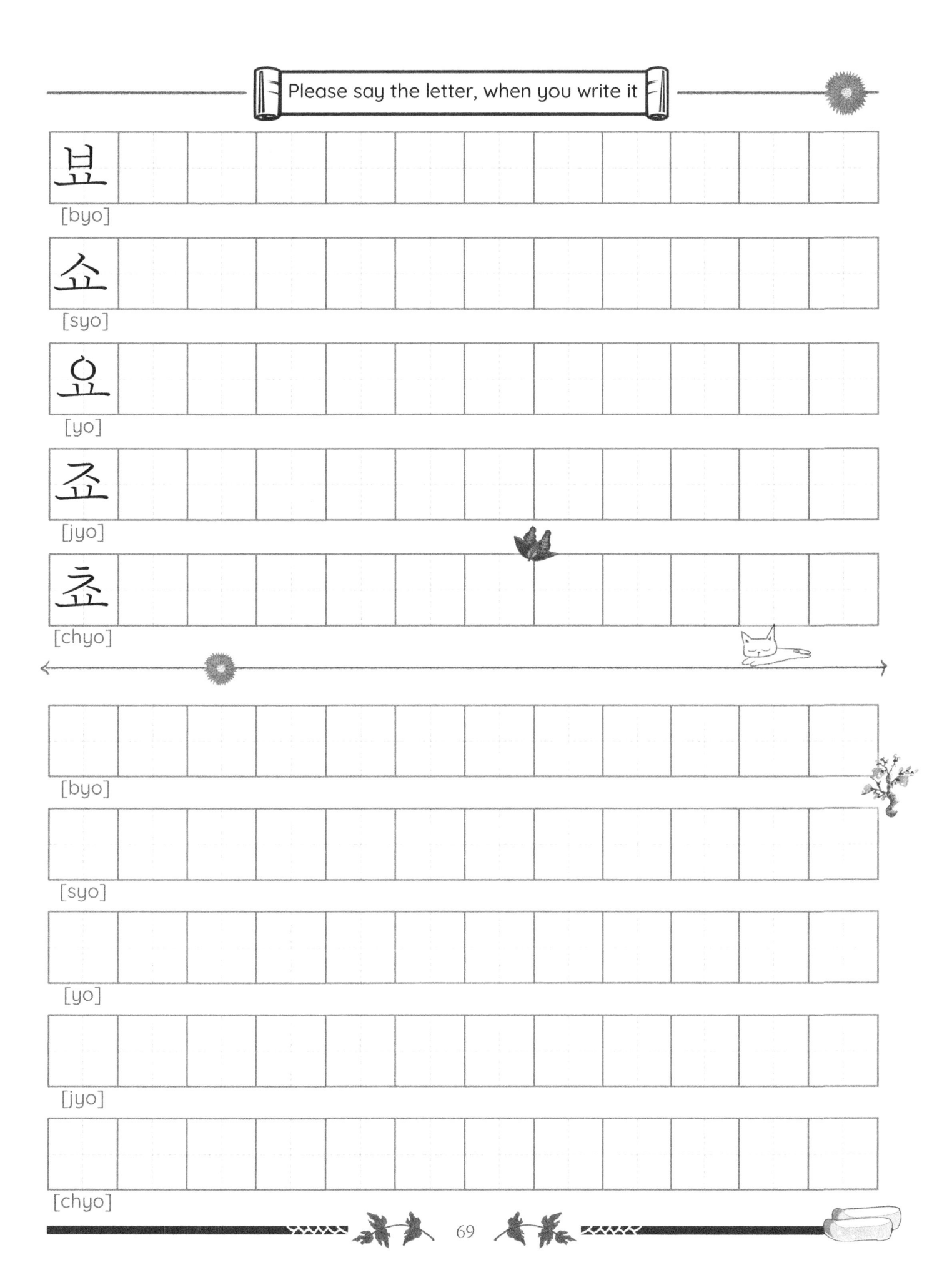

Please say the letter, when you write it

뵤
[byo]

쇼
[syo]

요
[yo]

죠
[jyo]

쵸
[chyo]

[byo]

[syo]

[yo]

[jyo]

[chyo]

Please say the letter, when you write it

쿄 [kyo]

툐 [tyo]

표 [pyo]

효 [hyo]

[kyo]

[tyo]

[pyo]

[hyo]

Words 단어

Filial piety
means to take care of one's parents

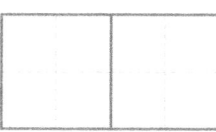

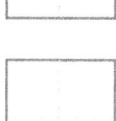

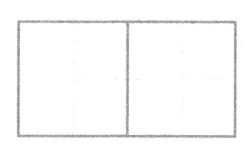

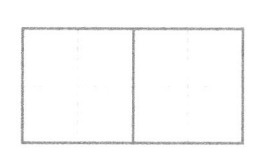

효도 /hyo-do/

쇼 **show** /syo/

yoga
요가 /yo-ga/

Words 단어

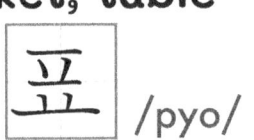

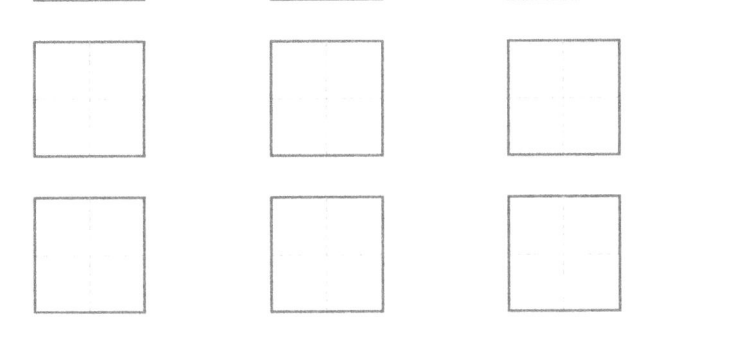

'요' makes everything more polite in Korean.

"It's me.", "Me."
저요 /jeo-yo/

ticket, table
표 /pyo/

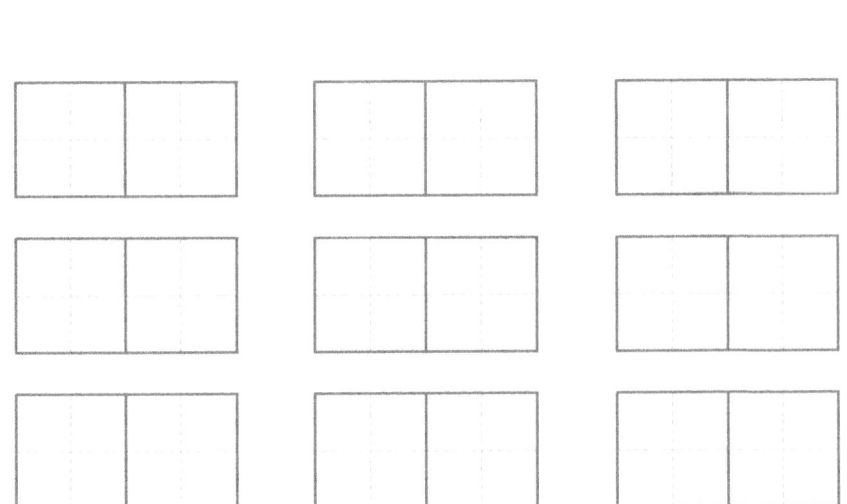

chocolate
쵸코 /chyo-co/

Quiz 복습 REVIEW

1. Fill in the boxes.

/gyo/	/nyo/	/dyo/	/lyo/	/myo/	/byo/	/syo/

/yo/	/Jyo/	/chyo/	/kyo/	/tyo/	/pyo/	/hyo/

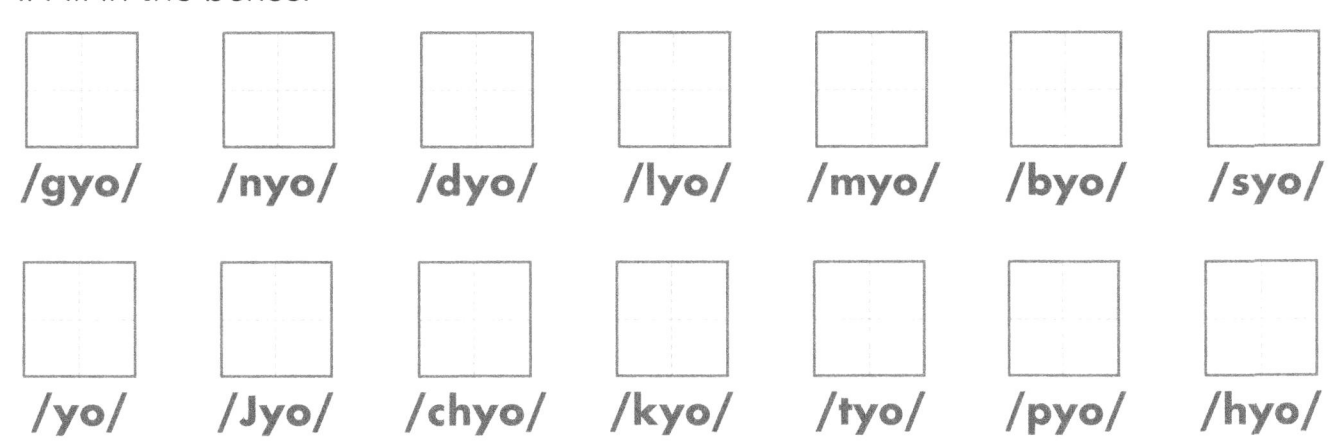

2. Circle the letters which have [yo].

보 쇼 잔 치 교 육 올 로 생

3. Draw a line to match each word.

쵸코 •

효도 •

저요 •

표 •

/yo-ga/ □□ •

/syo/ □ •

• (chocolate)

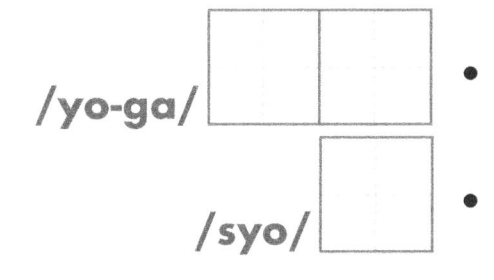

• Ticket

• Me

• Filial piety

• (yoga)

ㅜ

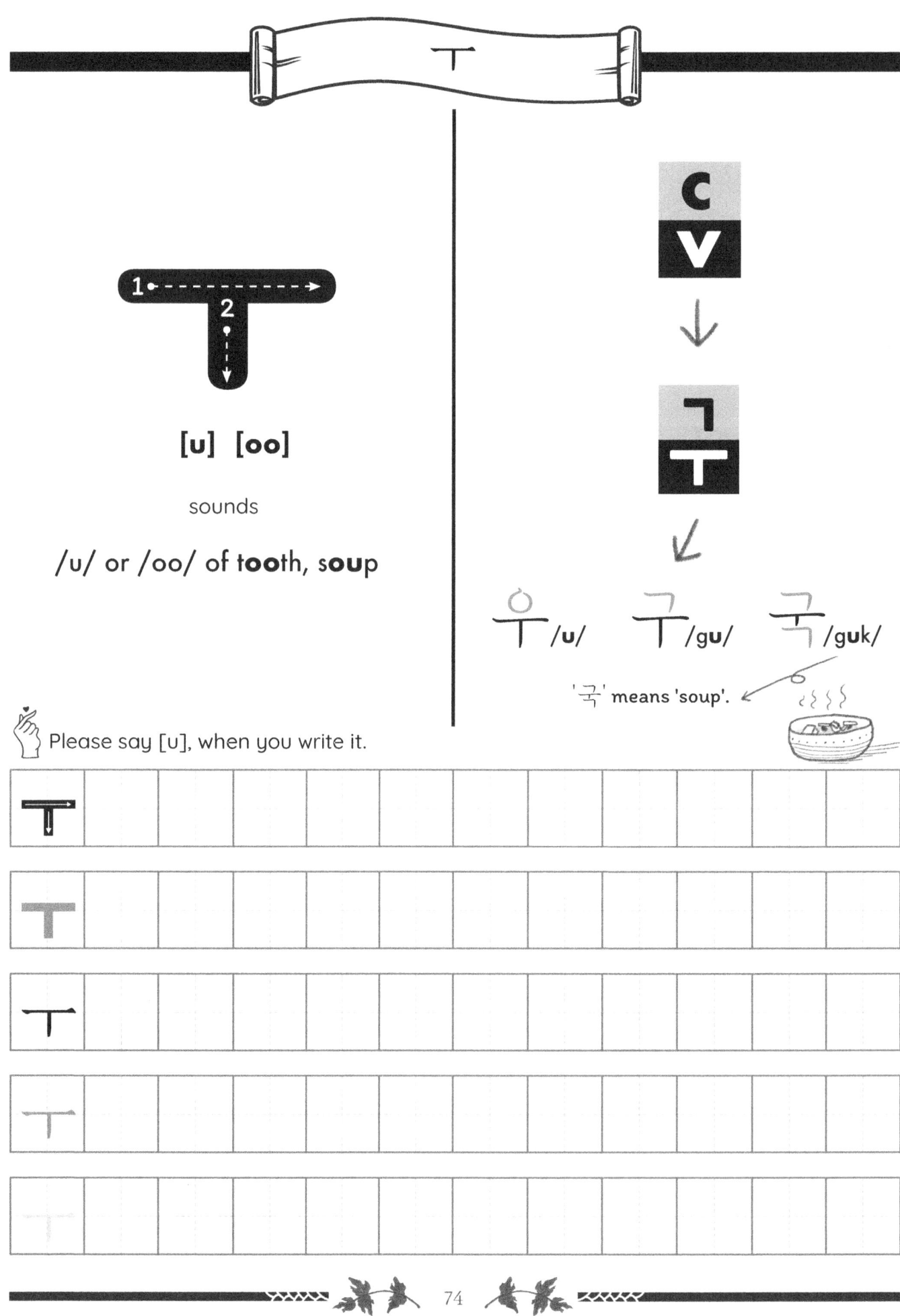

[u] [oo]

sounds

/u/ or /oo/ of t**oo**th, s**ou**p

우 /u/   구 /gu/   국 /guk/

'국' means 'soup'.

👆 Please say [u], when you write it.

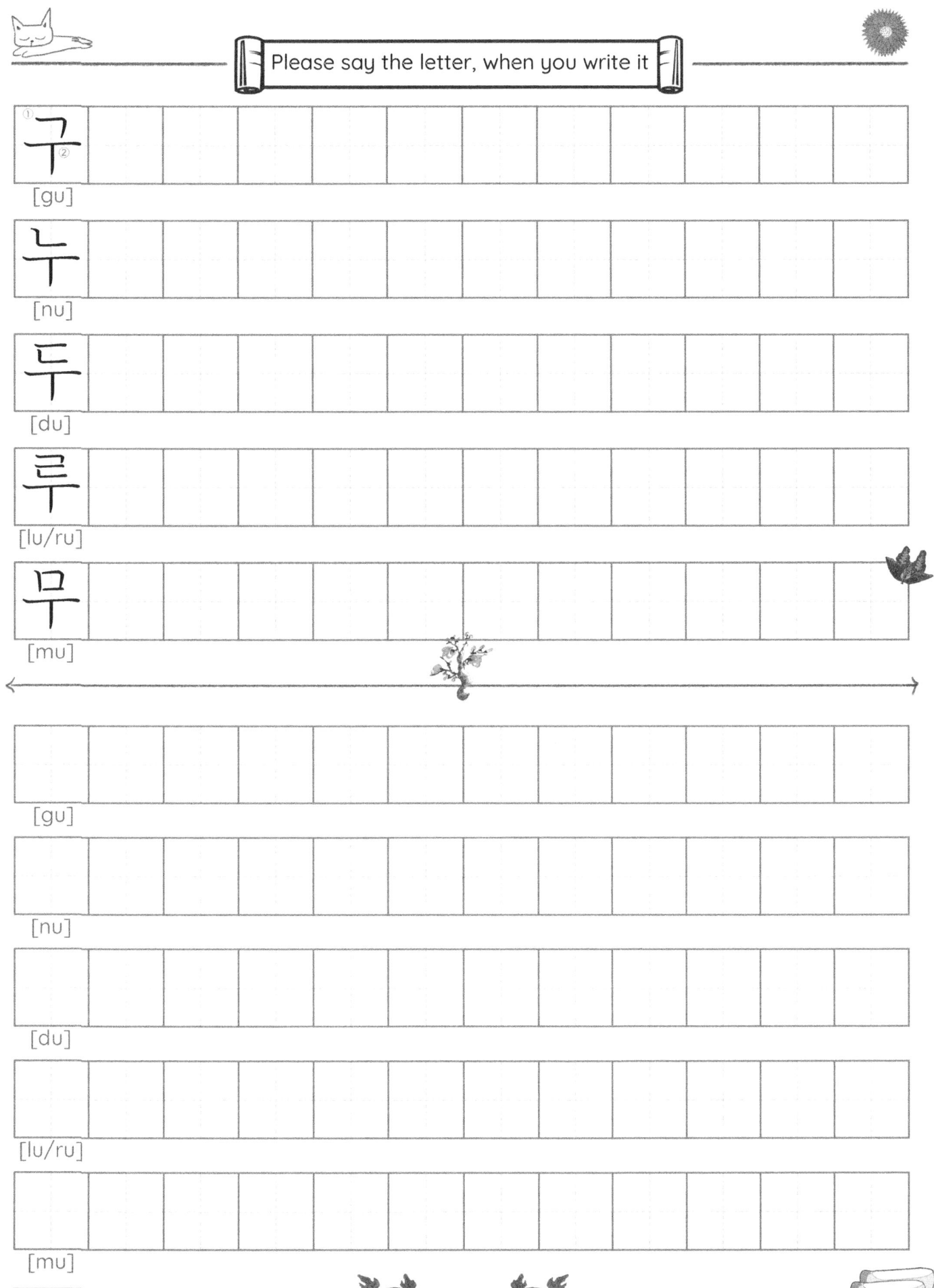

Please say the letter, when you write it

구
[gu]

누
[nu]

두
[du]

루
[lu/ru]

무
[mu]

[gu]

[nu]

[du]

[lu/ru]

[mu]

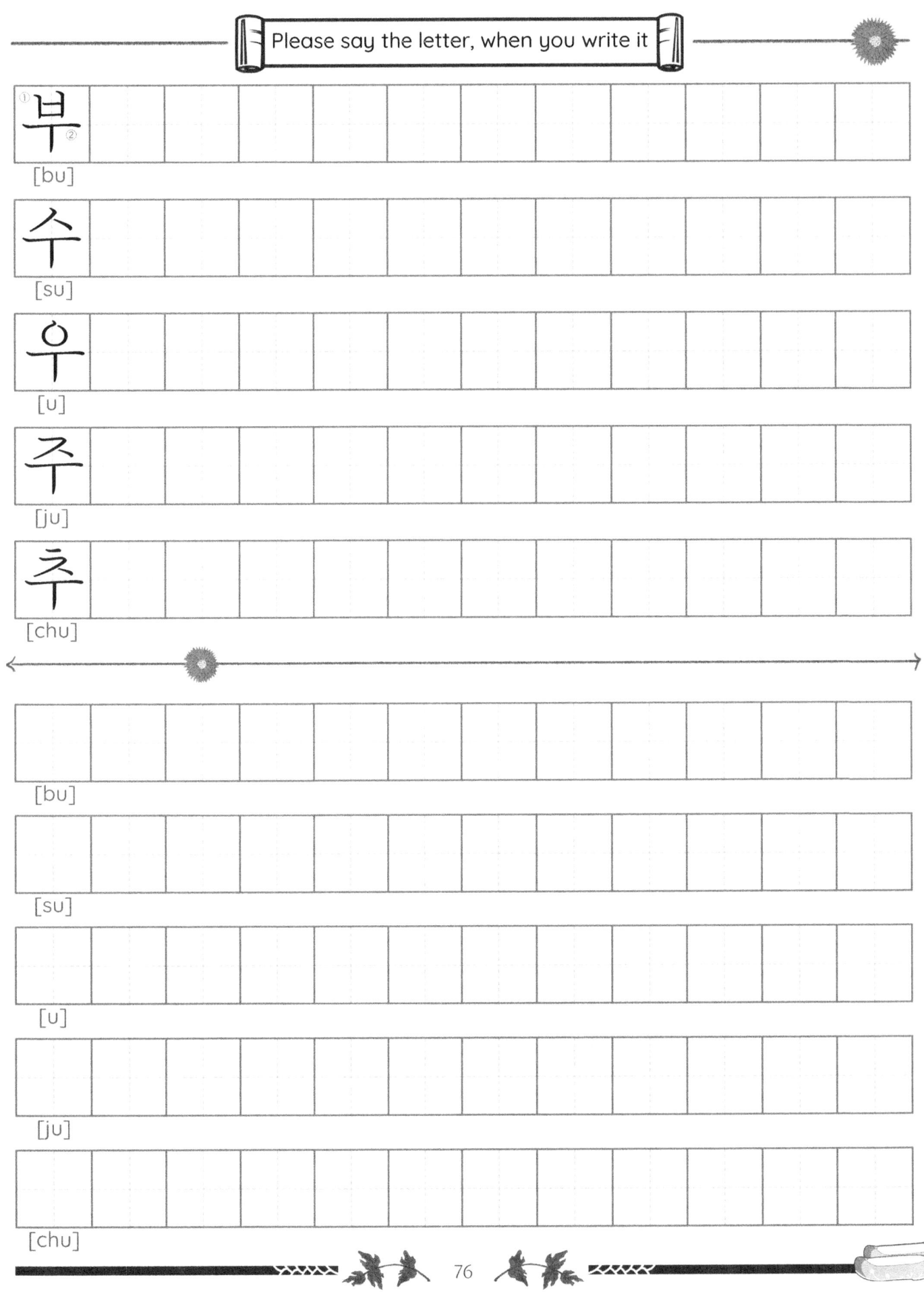

Please say the letter, when you write it

부 [bu]

수 [su]

우 [u]

주 [ju]

추 [chu]

[bu]

[su]

[u]

[ju]

[chu]

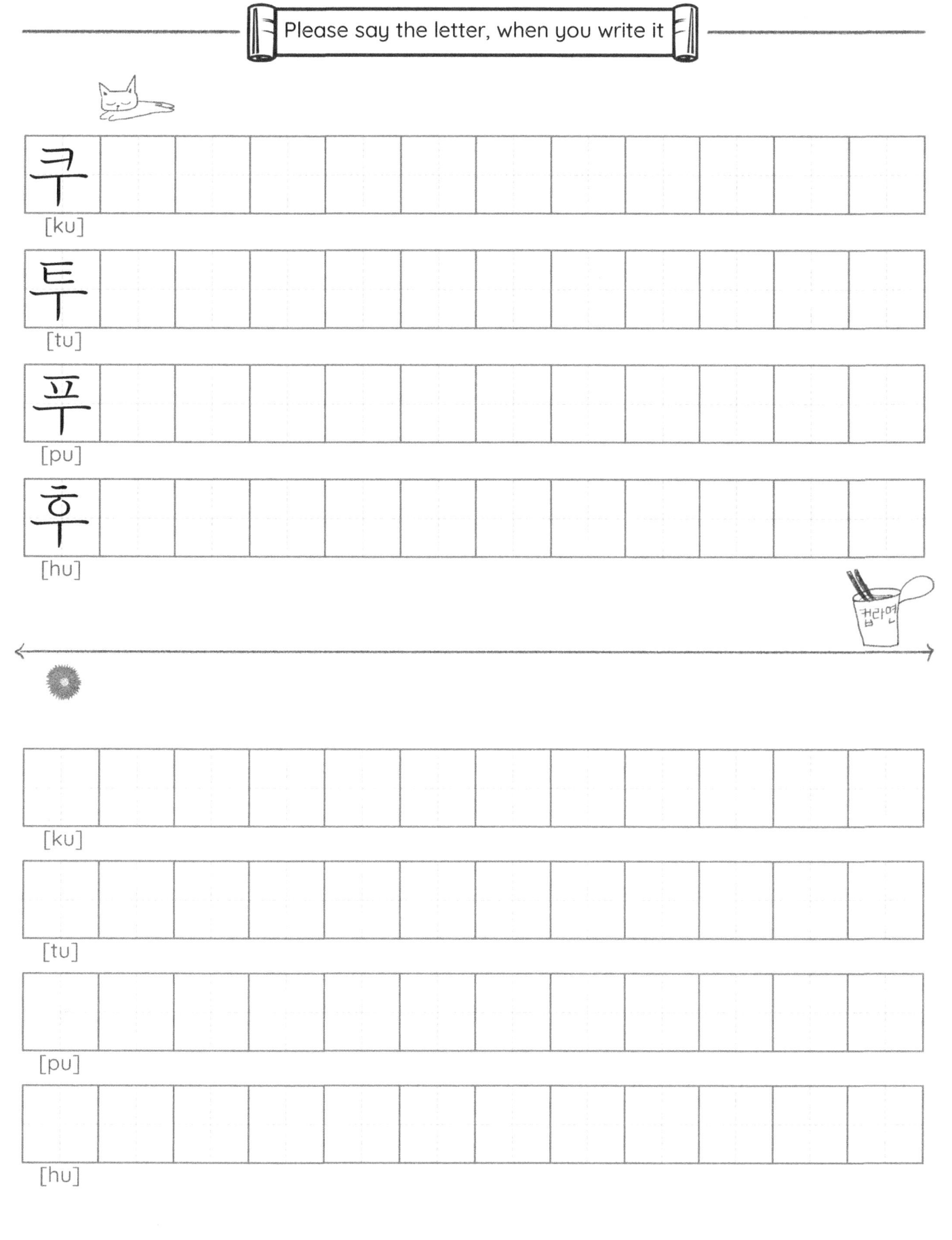

Please say the letter, when you write it

쿠
[ku]

투
[tu]

푸
[pu]

후
[hu]

[ku]

[tu]

[pu]

[hu]

Words 단어

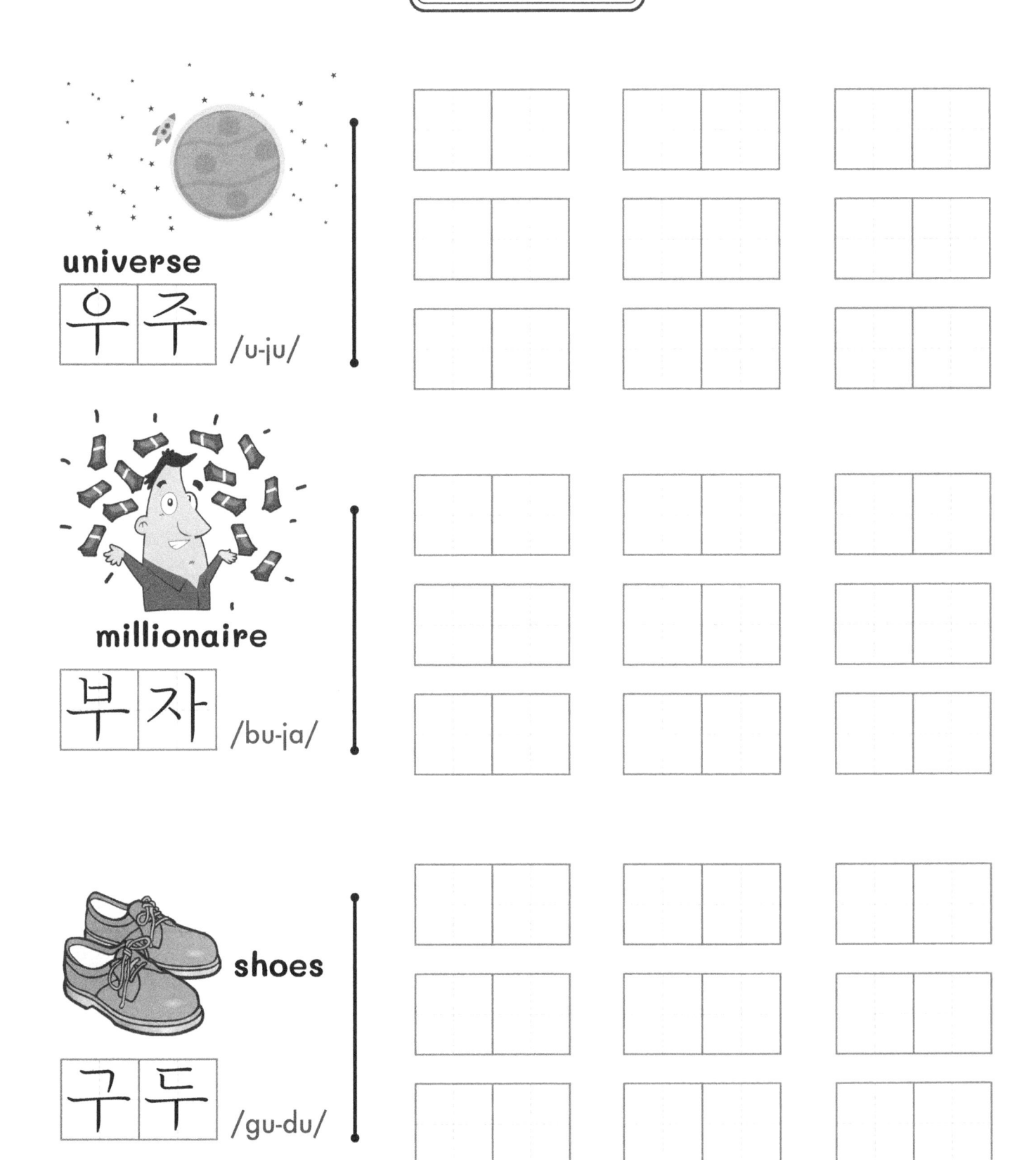

universe
우 주 /u-ju/

millionaire
부 자 /bu-ja/

shoes
구 두 /gu-du/

Words 단어

One day
하 루 /ha-lu/

plum
자 두 /ja-du/

pepper
후 추 /hu-chu/

Quiz 복습 REVIEW

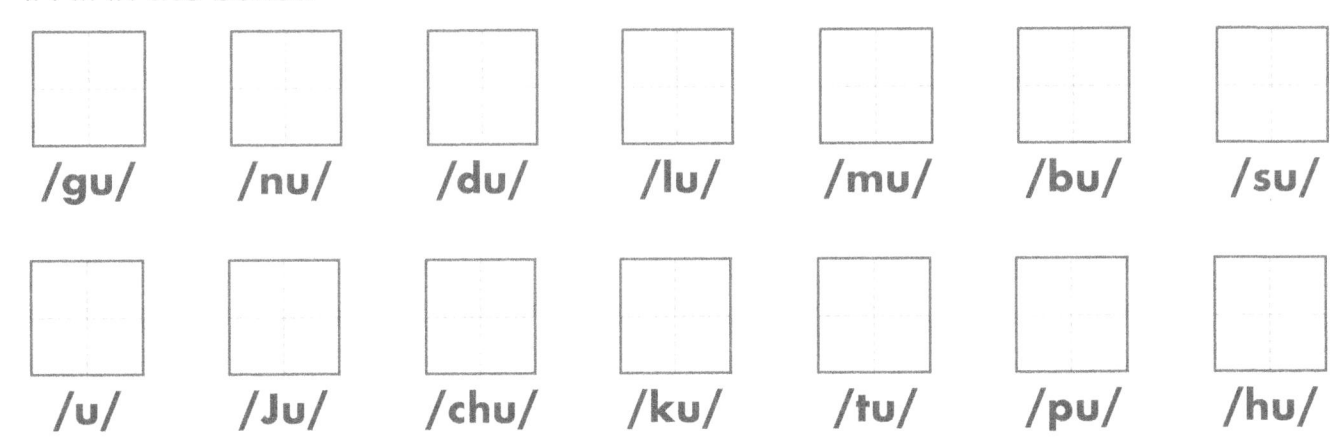

1. Fill in the boxes.

/gu/	/nu/	/du/	/lu/	/mu/	/bu/	/su/

/u/	/Ju/	/chu/	/ku/	/tu/	/pu/	/hu/

2. Circle the letters which have [u].

불   주   슬   훕   국   웃   뮤   찾   수

3. Draw a line to match each word.

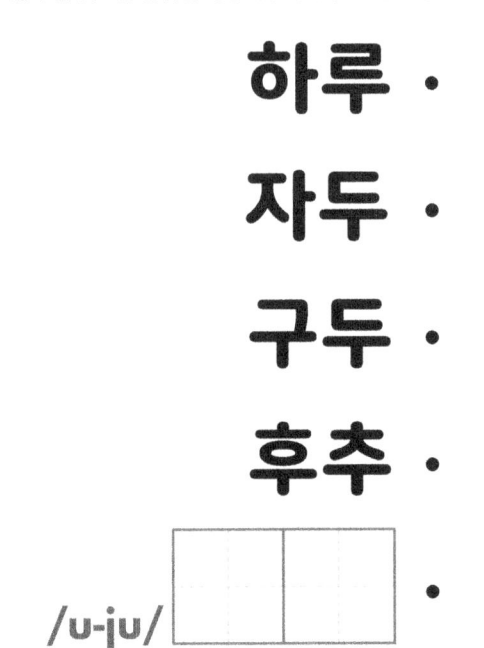

하루 •   • pepper

자두 •   • One day

구두 •   • millionaire

후추 •   • (shoes)

/u-ju/ •   • universe

/bu-ja/ •   • plum

ㅠ

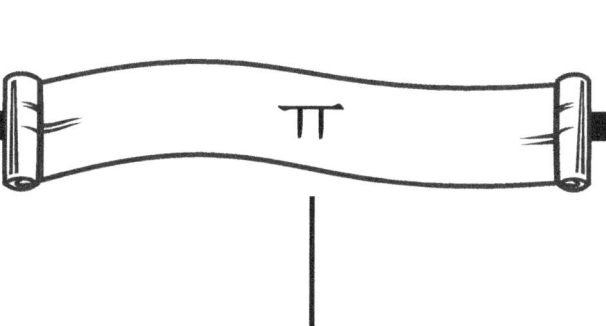

[yu]

sounds

/yu/ of you, use

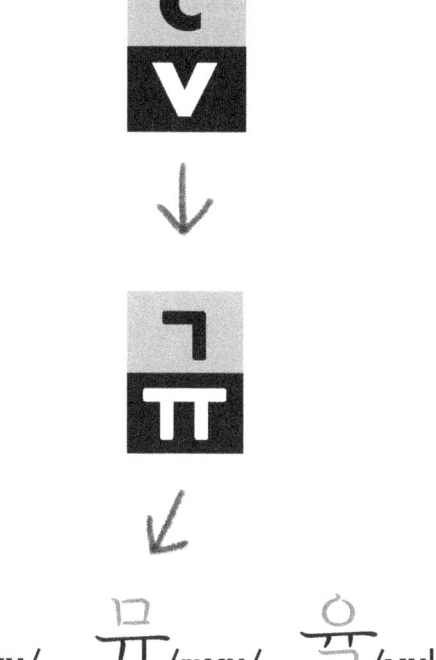

C V
↓
ㄱ
ㅠ
↓

유 /yu/   뮤 /myu/   육 /yuk/

'육' means '6'.

Please say [yu], when you write it.

Please say the letter, when you write it

규
[gyu]

뉴
[nyu]

듀
[dyu]

류
[lyu/ryu]

뮤
[myu]

[gyu]

[nyu]

[dyu]

[lyu/ryu]

[myu]

Please say the letter, when you write it

뷰
[byu]

슈
[syu]

유
[yu]

쥬
[jyu]

츄
[chyu]

[byu]

[syu]

[yu]

[jyu]

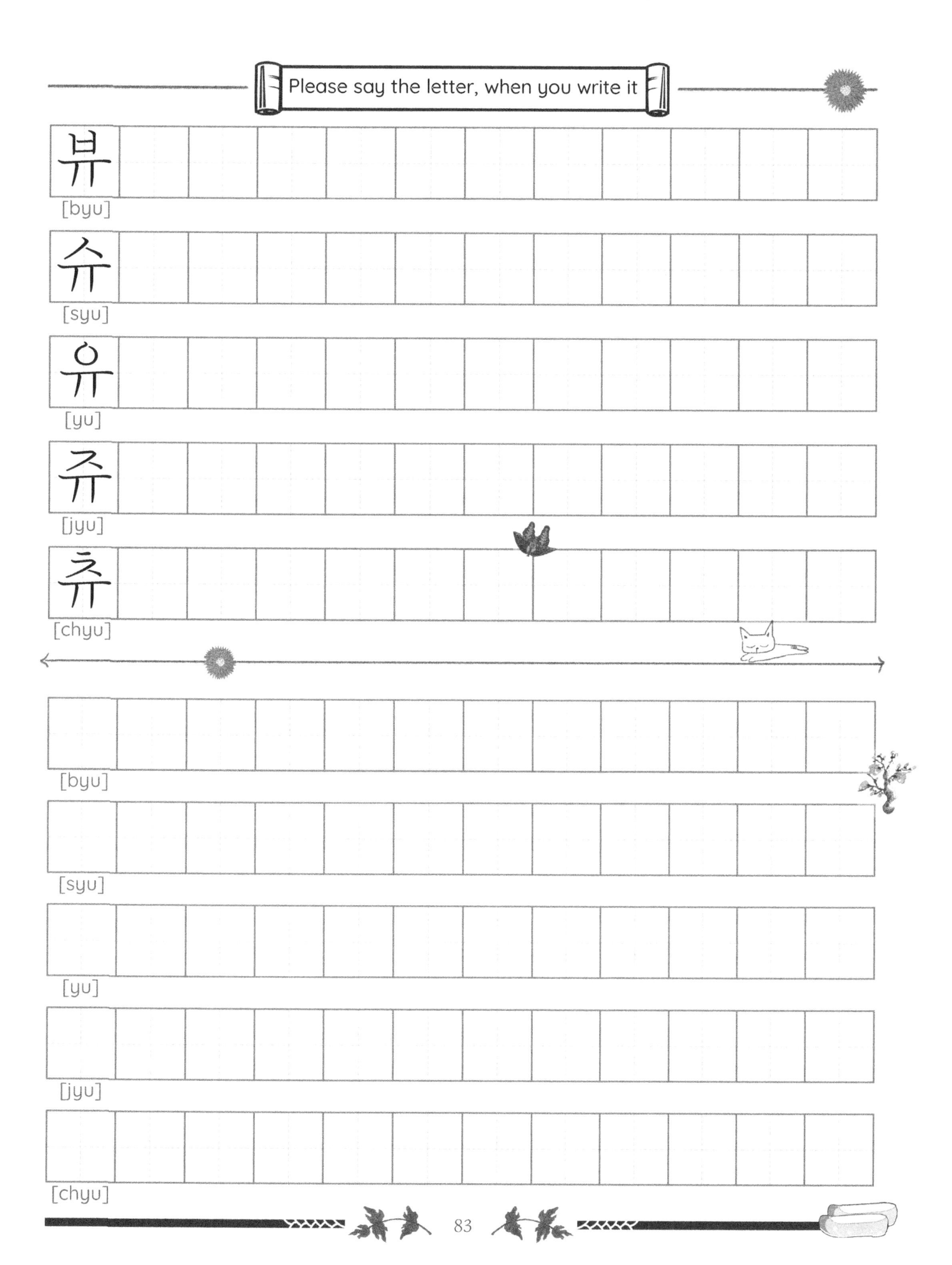

[chyu]

Please say the letter, when you write it

| 큐 |
[kyu]

| 튜 |
[tyu]

| 퓨 |
[pyu]

| 휴 |
[hyu]

[kyu]

[tyu]

[pyu]

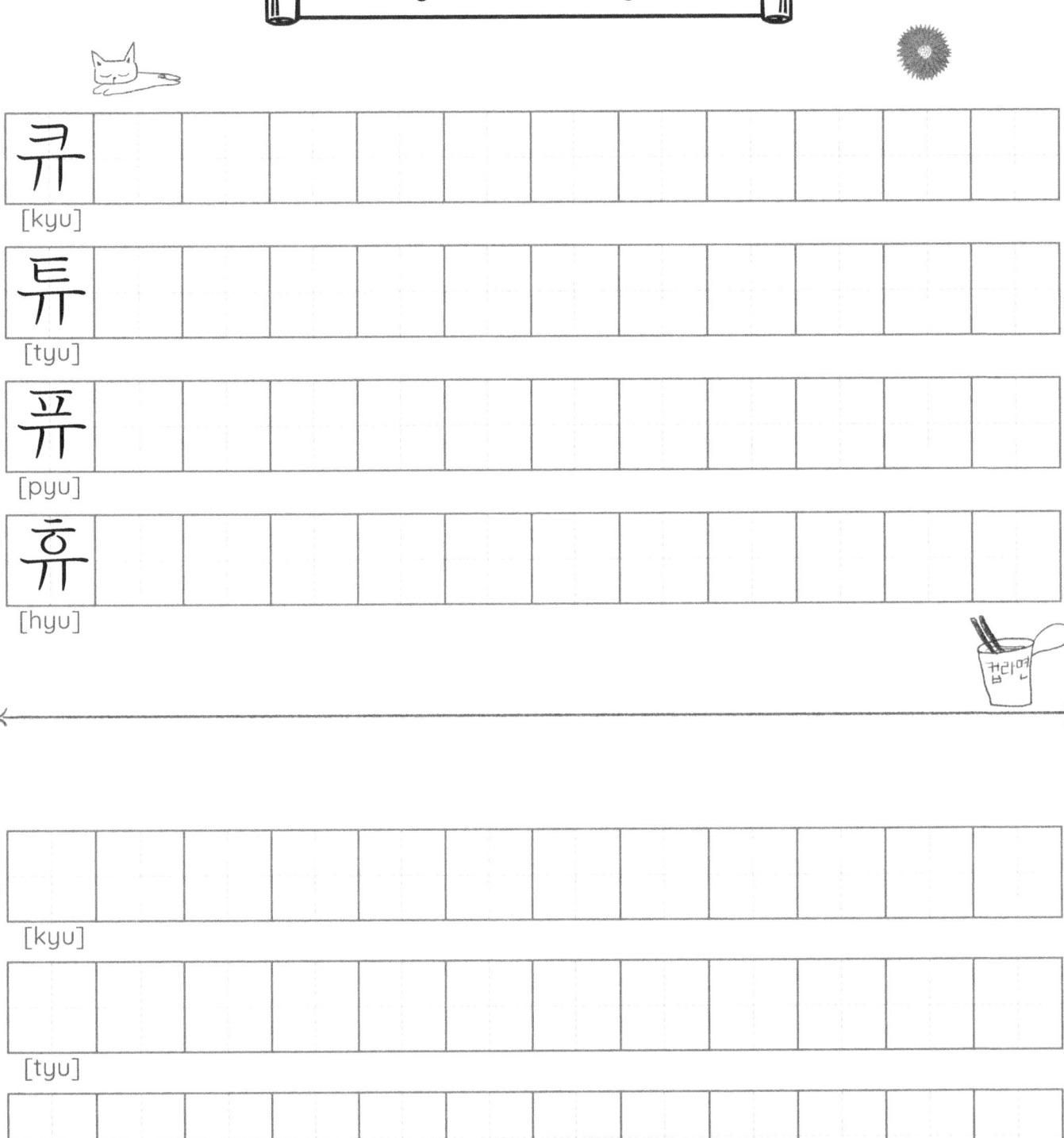

[hyu]

Words 단어

milk
우 유 /u-yu/

supermarket
슈 퍼 /syu-peo/

vacation
휴 가 /hyu-ga/

Words 단어

freedom
자 유 /ja-yu/

stroller
유 모 차
/yu-mo-cha/

humor
유 머 /yu-meo/

Quiz 복습 REVIEW

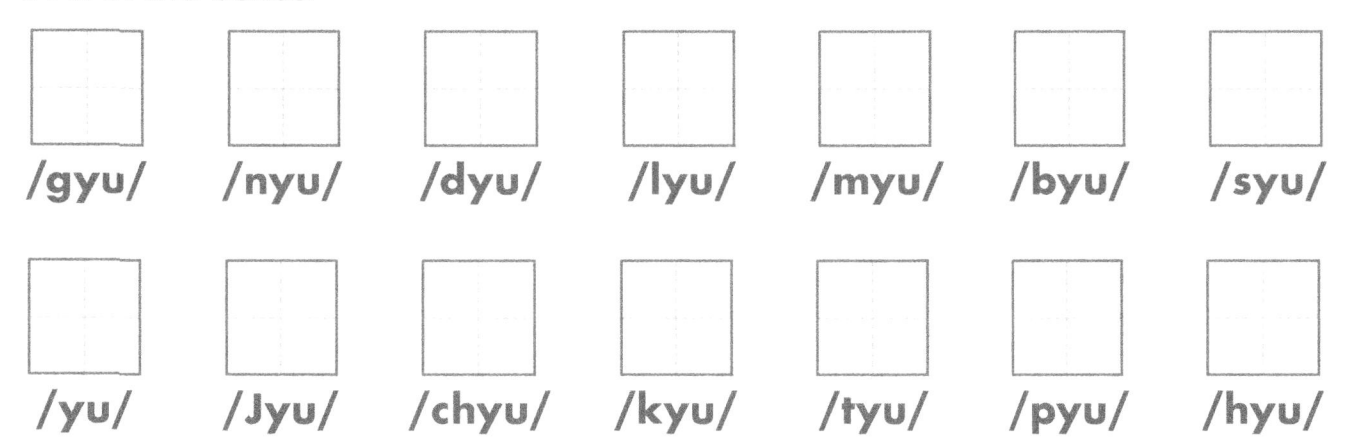

1. Fill in the boxes.

/gyu/	/nyu/	/dyu/	/lyu/	/myu/	/byu/	/syu/

/yu/	/Jyu/	/chyu/	/kyu/	/tyu/	/pyu/	/hyu/

2. Circle the letters which have [yu].

미 물 뷔 뷰 부 규 웅 뉴 토

3. Draw a line to match each word.

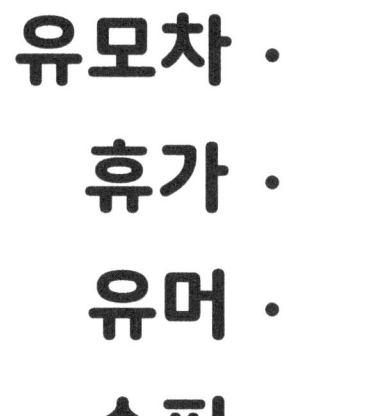

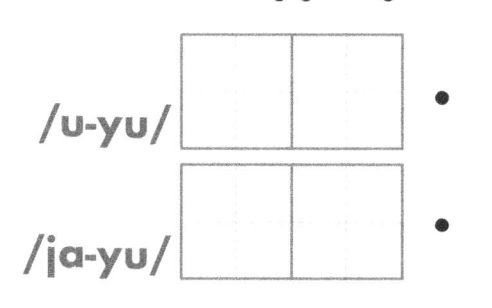

유모차 •

휴가 •   • vacation

유머 •

슈퍼 •   • freedom

/u-yu/ •   • humor

/ja-yu/ •

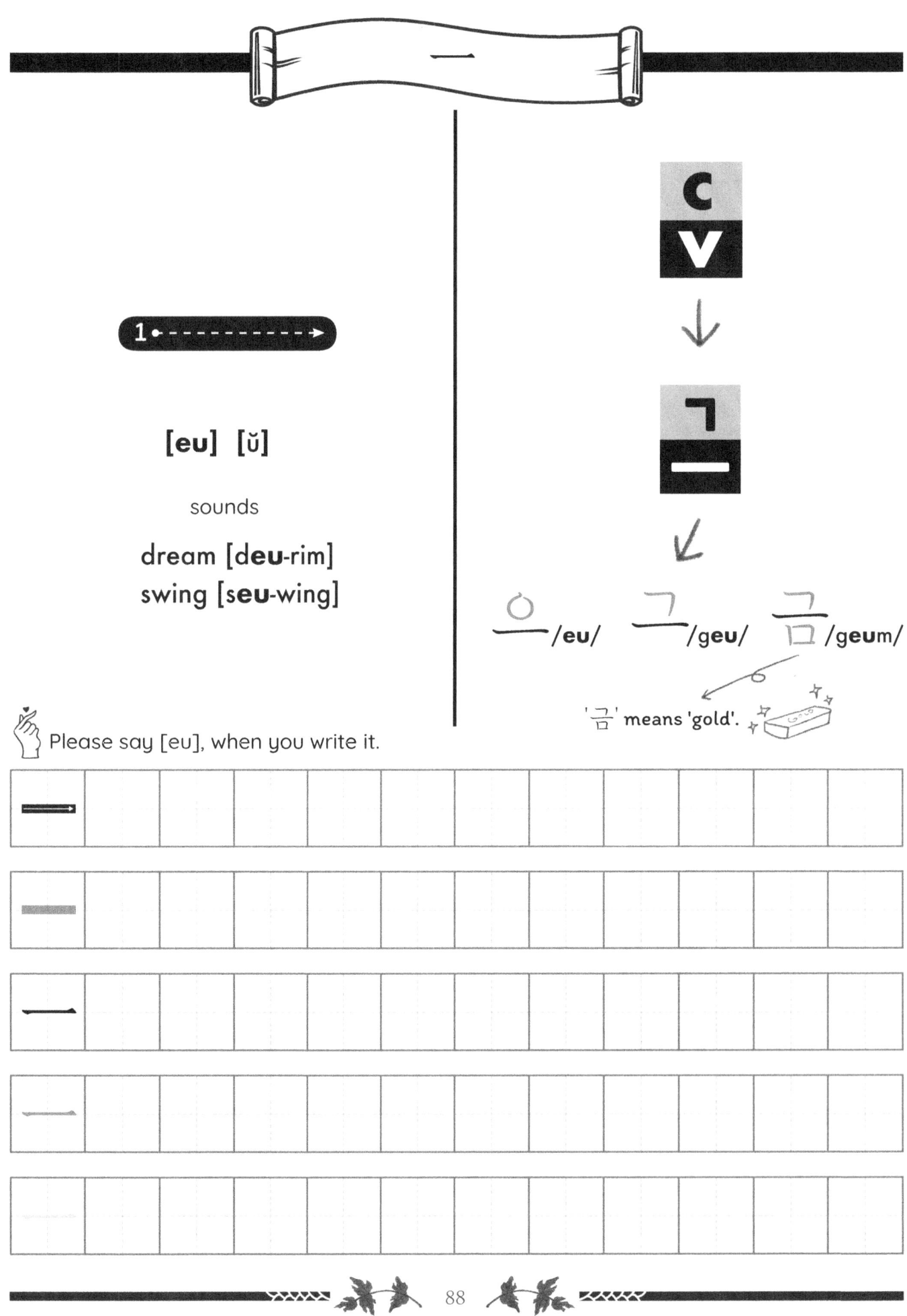

[eu] [ŭ]

sounds

dream [d**eu**-rim]
swing [s**eu**-wing]

C
V
↓
ㄱ
ㅡ
↓

ㅡ /eu/   그 /geu/   금 /geum/

'금' means 'gold'.

Please say [eu], when you write it.

Please say the letter, when you write it

ㄱ
[geu]

ㄴ
[neu]

ㄷ
[deu]

ㄹ
[leu/reu]

ㅁ
[meu]

[geu]

[neu]

[deu]

[leu/reu]

[meu]

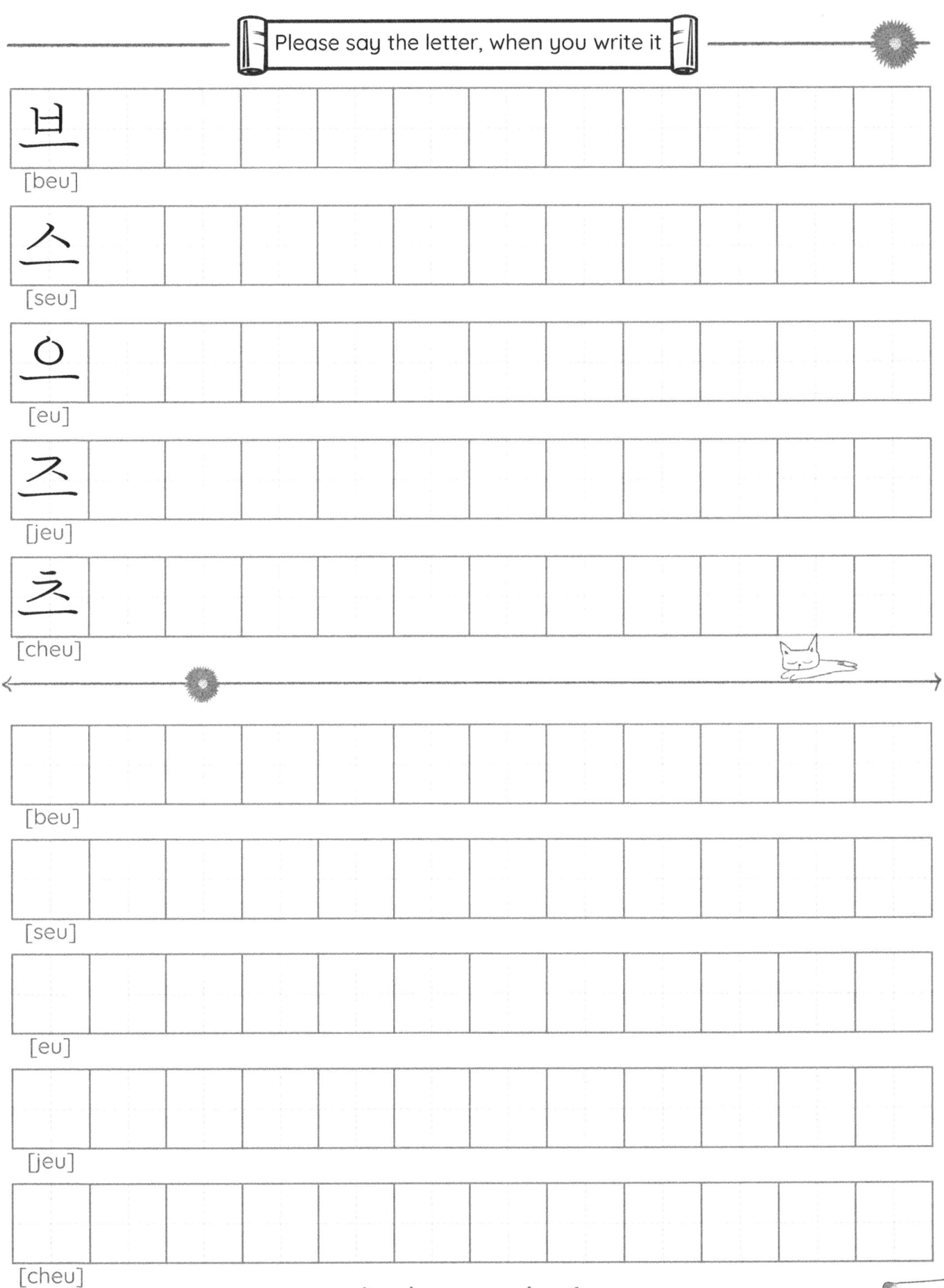

Please say the letter, when you write it

브
[beu]

| 스 |
[seu]

| 으 |
[eu]

| 즈 |
[jeu]

| 츠 |
[cheu]

[beu]

[seu]

[eu]

[jeu]

[cheu]

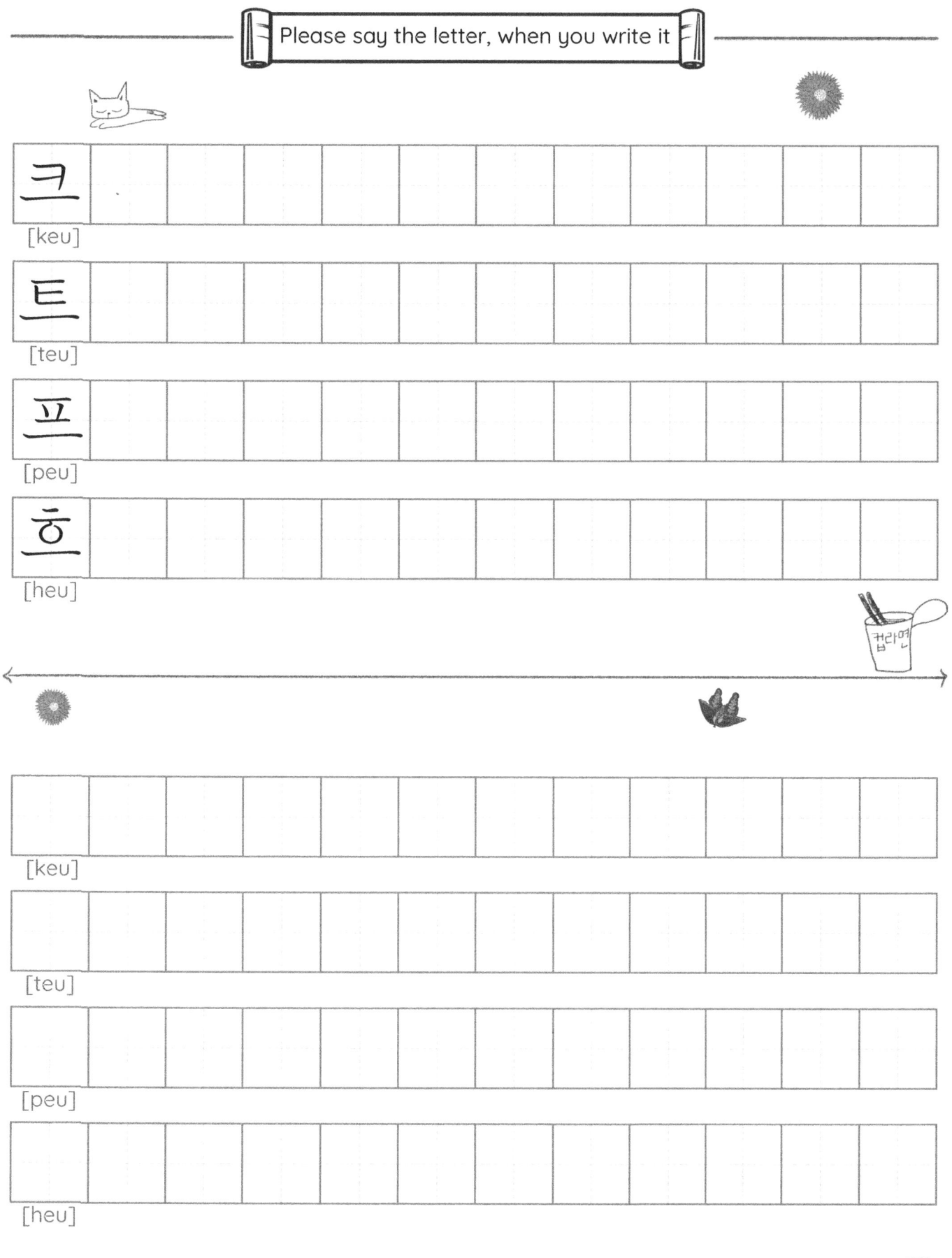

Please say the letter, when you write it

ㅋ [keu]

ㅌ [teu]

ㅍ [peu]

ㅎ [heu]

[keu]

[teu]

[peu]

[heu]

Words 단어

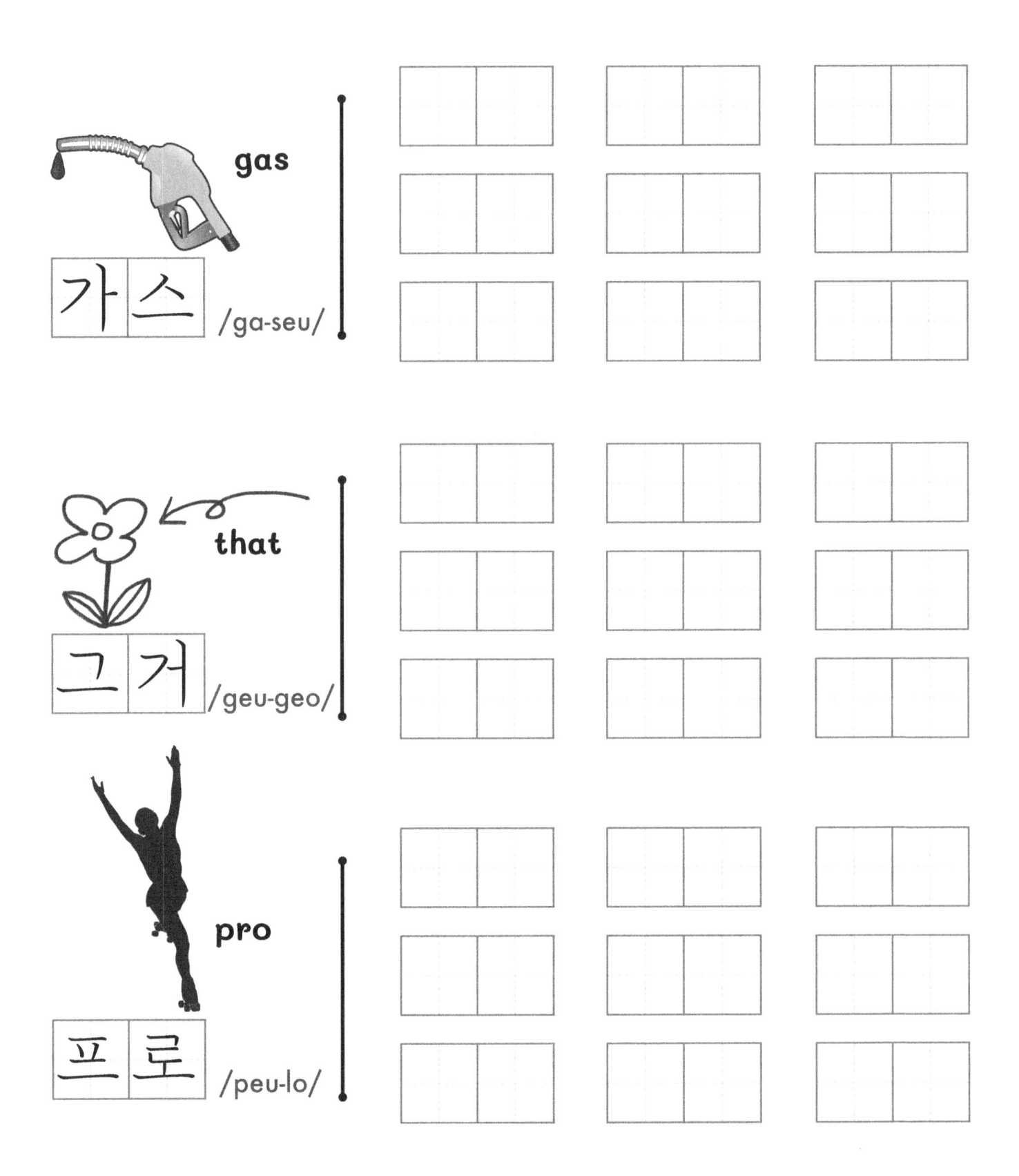

gas
가 스 /ga-seu/

that
그 거 /geu-geo/

pro
프 로 /peu-lo/

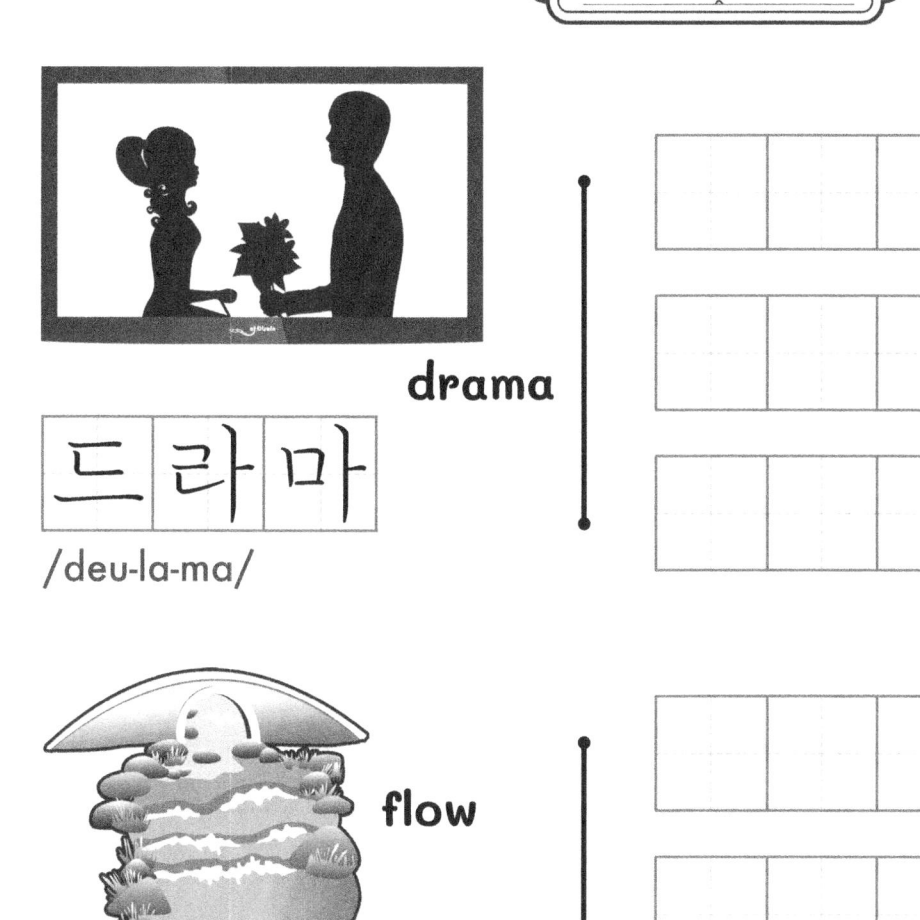

Words 단어

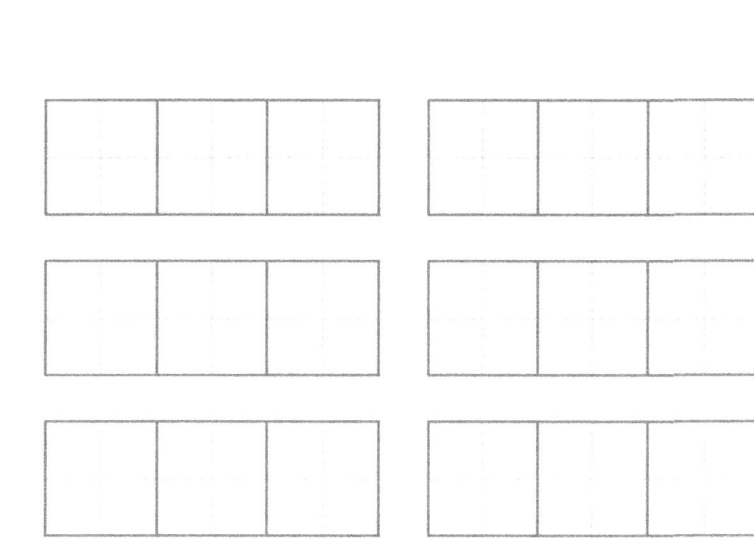

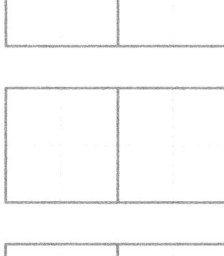

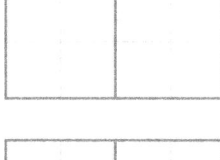

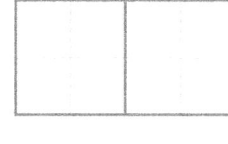

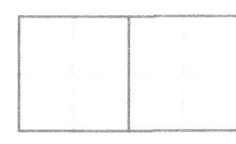

드라마 /deu-la-ma/ — drama

흐르다 /heu-leu-da/ — flow

뉴스 /nyu-seu/ — news

Quiz 복습 REVIEW

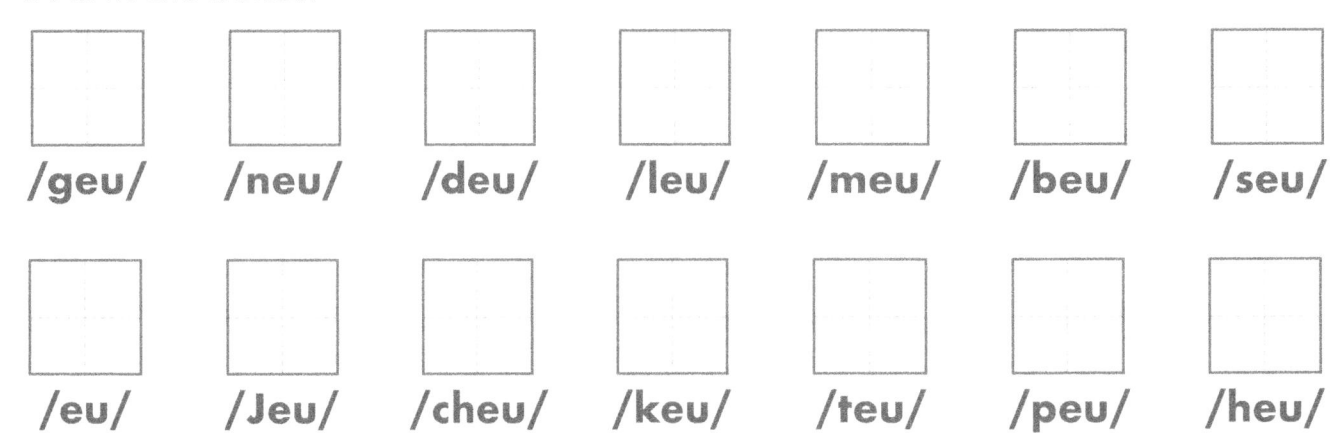

1. Fill in the boxes.

/geu/	/neu/	/deu/	/leu/	/meu/	/beu/	/seu/

/eu/	/Jeu/	/cheu/	/keu/	/teu/	/peu/	/heu/

2. Circle the letters which have [eu].

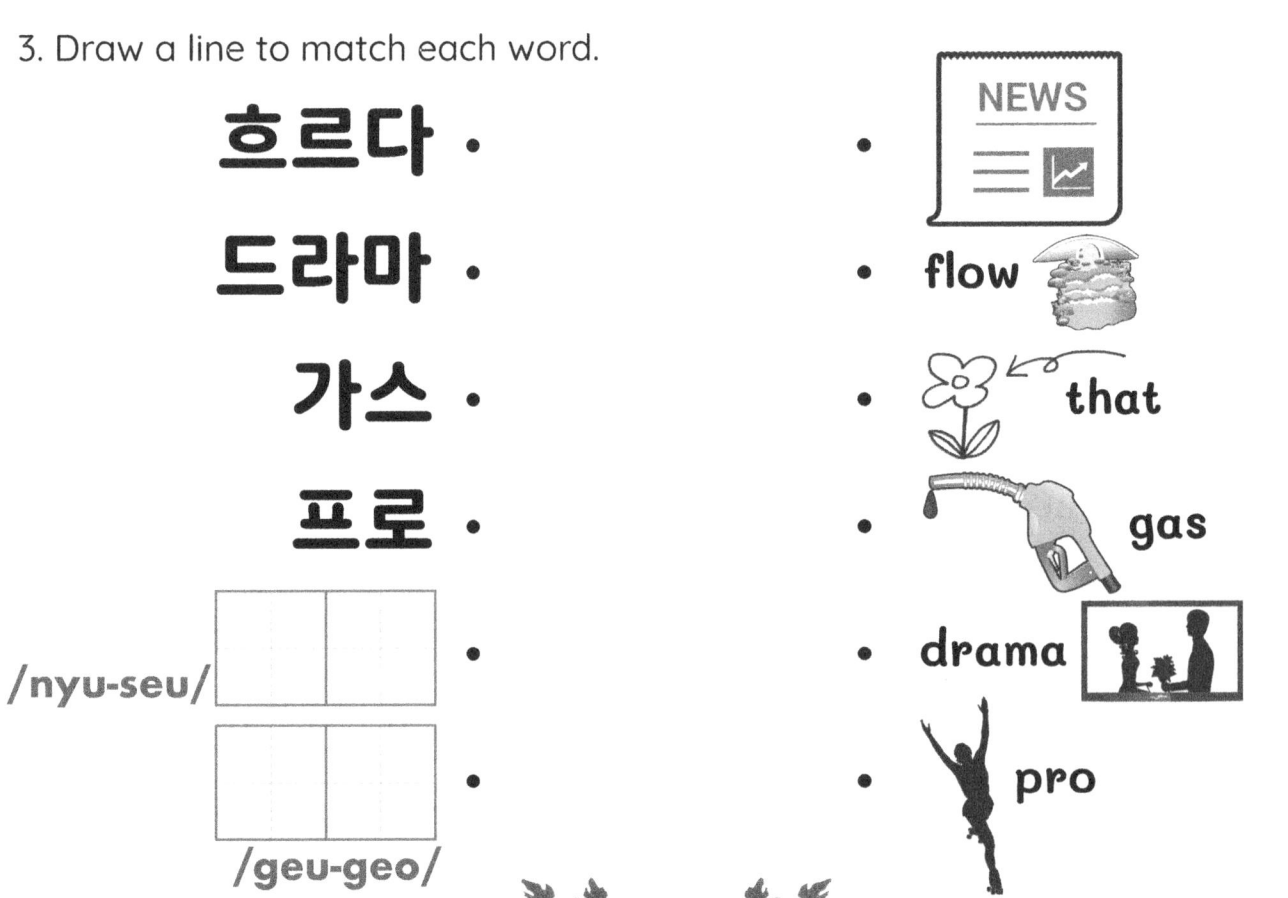

브　슘　흐　국　극　긁　므　로　을

3. Draw a line to match each word.

흐르다 ・　　　　・ NEWS

드라마 ・　　　　・ flow

가스 ・　　　　・ that

프로 ・　　　　・ gas

/nyu-seu/ ☐☐ ・　　　　・ drama

/geu-geo/ ☐☐ ・　　　　・ pro

ㅣ

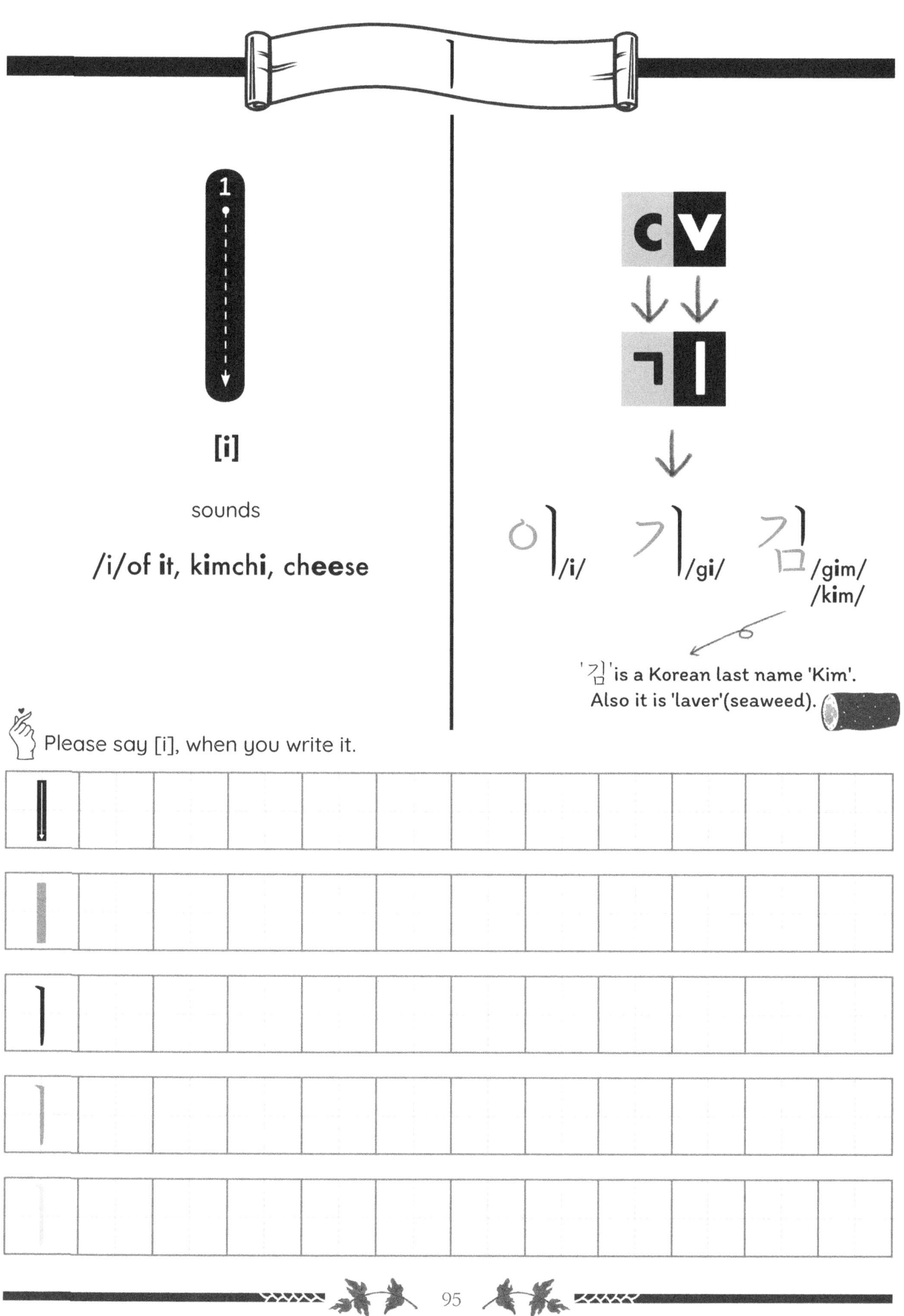

[i]

sounds

/i/ of **i**t, k**i**mch**i**, ch**ee**se

C V
↓ ↓
ㄱ ㅣ
↓

이 /i/ 기 /gi/ 김 /gim/ /kim/

'김' is a Korean last name 'Kim'.
Also it is 'laver'(seaweed).

Please say [i], when you write it.

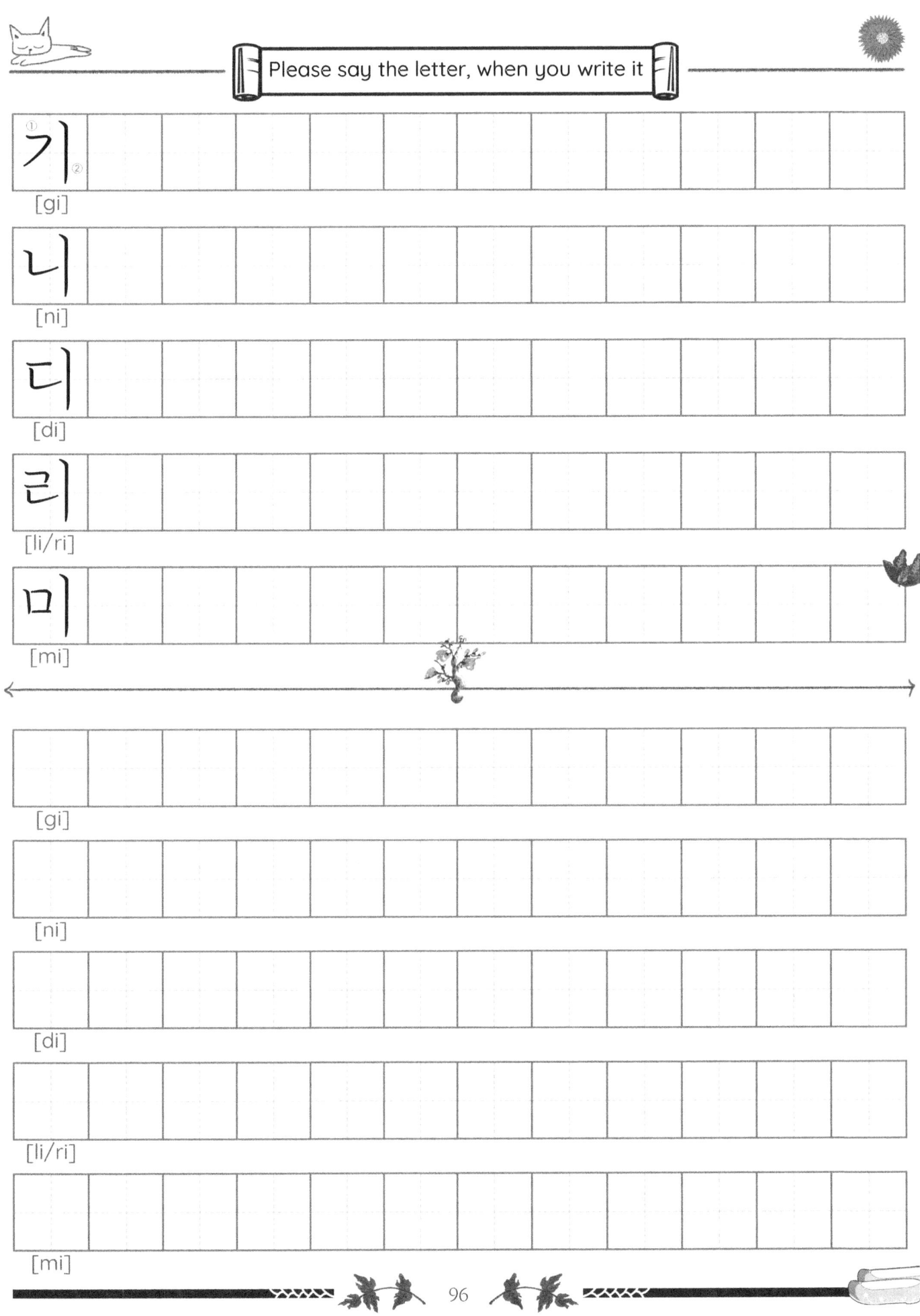

Please say the letter, when you write it

기
[gi]

니
[ni]

디
[di]

리
[li/ri]

미
[mi]

[gi]

[ni]

[di]

[li/ri]

[mi]

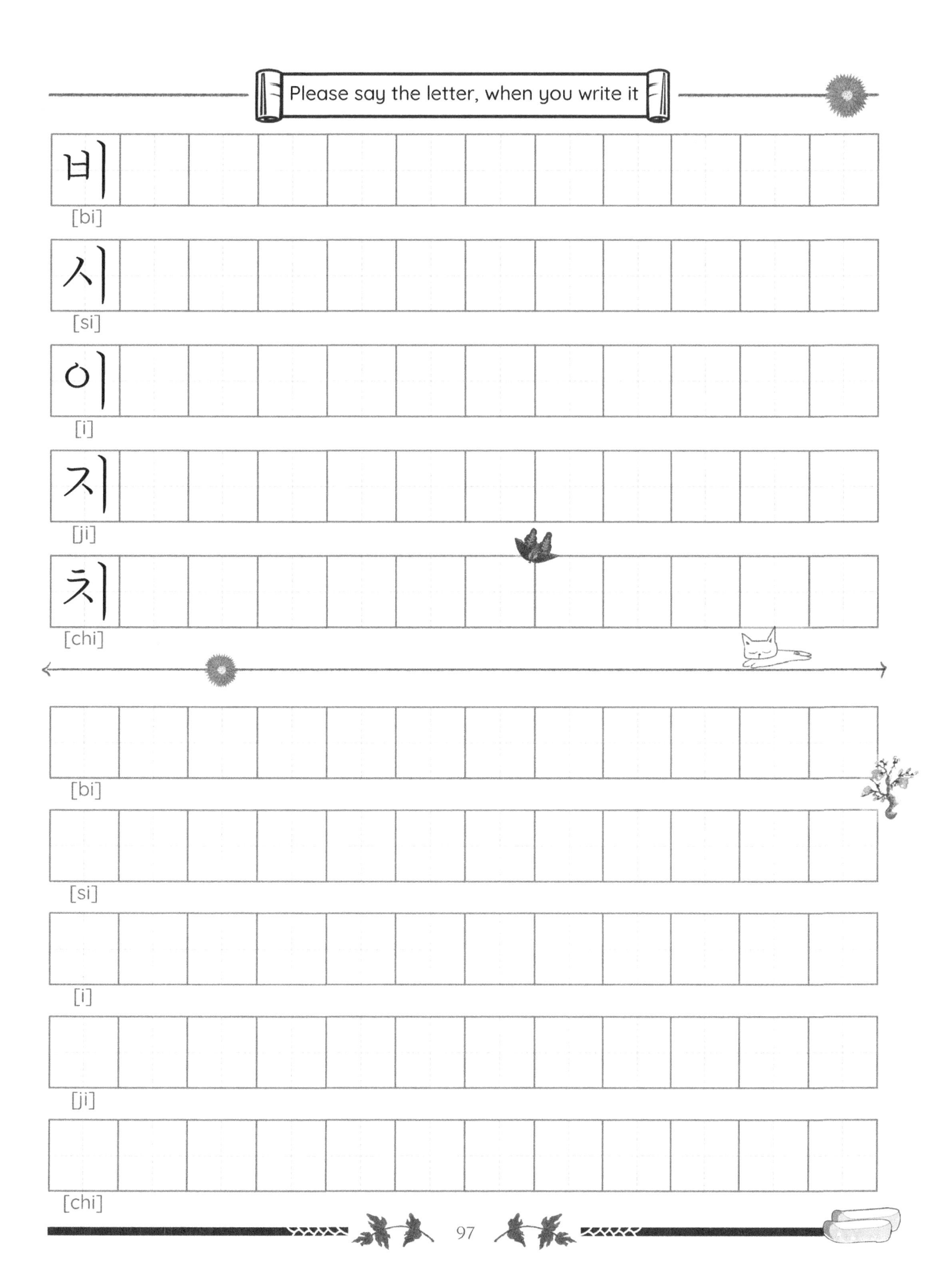

Please say the letter, when you write it

비
[bi]

| 시 |
[si]

| 이 |
[i]

| 지 |
[ji]

| 치 |
[chi]

[bi]

[si]

[i]

[ji]

[chi]

Please say the letter, when you write it

키
[ki]

| 티 |
[ti]

| 피 |
[pi]

| 히 |
[hi]

[ki]

[ti]

[pi]

[hi]

Words 단어

오이 /o-i/
cucumber

비 /bi/
rain

나비 /na-bi/
butterfly

Words 단어

city
도시 /do-si/

key, height
키 /ki/

cloudy
흐리다 /heu-li-da/

Quiz 복습

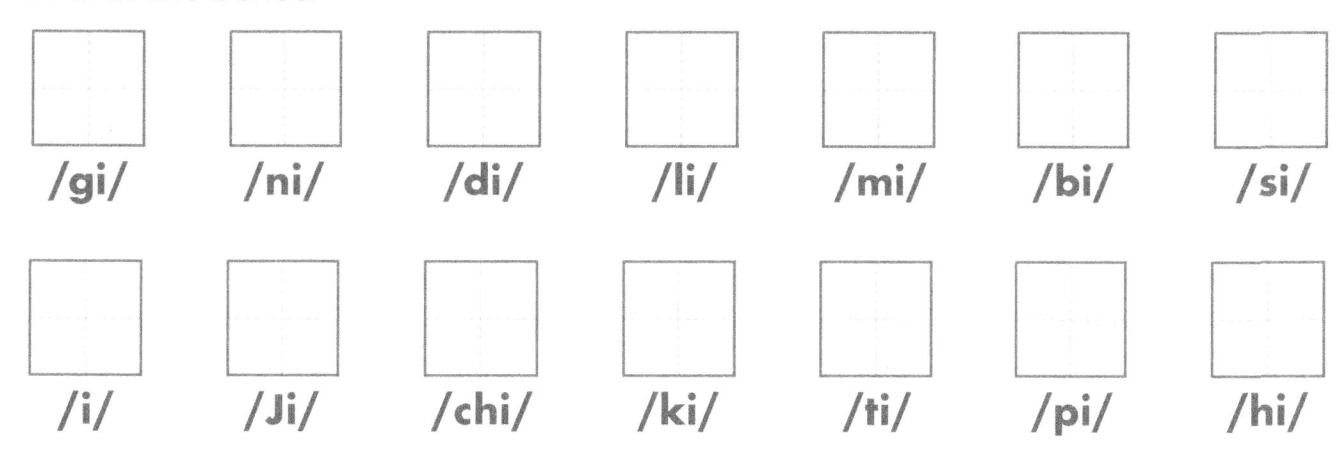

1. Fill in the boxes.

기	니	디	리	미	비	시
/gi/	/ni/	/di/	/li/	/mi/	/bi/	/si/

이	지	치	키	티	피	히
/i/	/ji/	/chi/	/ki/	/ti/	/pi/	/hi/

2. Circle the letters which have [i].

보 **전** 닷 익 **힐** 서 읽 **습 디**

3. Draw a line to match each word.

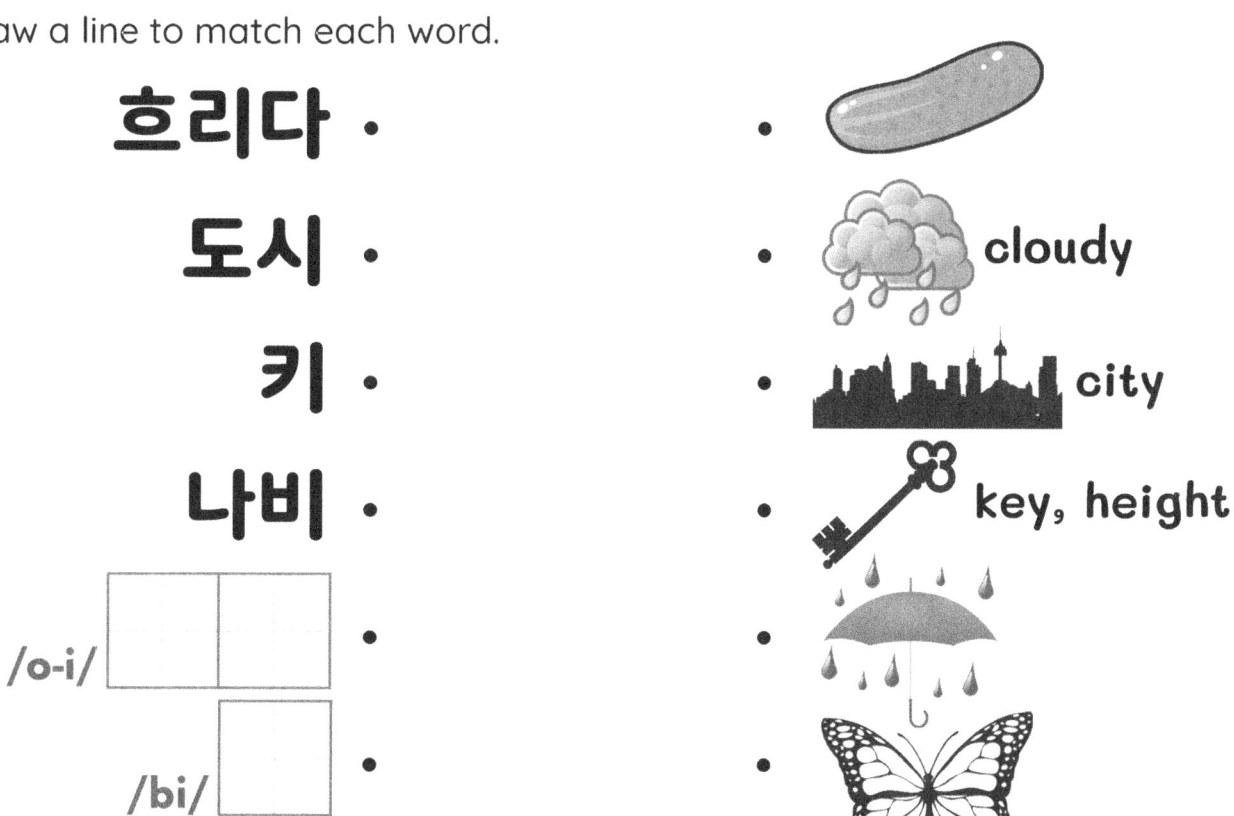

- 흐리다 — cloudy
- 도시 — city
- 키 — key, height
- 나비 — (butterfly)
- /o-i/ 오이 — (cucumber)
- /bi/ 비 — (umbrella/rain)

Final Quiz 복습

1. Fill in the boxes.

☐	☐	☐	☐	☐	☐	☐
/gyeo/	/ni/	/dyu/	/lu/	/ma/	/byo/	/so/

☐	☐	☐	☐	☐	☐	☐
/a/	/Jo/	/chu/	/keo/	/ta/	/pya/	/heu/

☐	☐	☐	☐	☐	☐	☐
/gi/	/nyeo/	/nyo/	/la/	/mya/	/bo/	/syeo/

☐	☐	☐	☐	☐	☐	☐
/u/	/Ja/	/cheu/	/kyu/	/tya/	/pa/	/ho/

☐	☐	☐	☐	☐	☐	☐
/gu/	/na/	/deo/	/lya/	/mo/	/bi/	/su/

☐	☐	☐	☐	☐	☐	☐
/ya/	/Ji/	/chya/	/ko/	/tyo/	/pya/	/hi/

Final Quiz 복습

2. Circle the letters which have [a].

자 전 거 보 리 차 맛 있 어

3. Circle the letters which have [i].

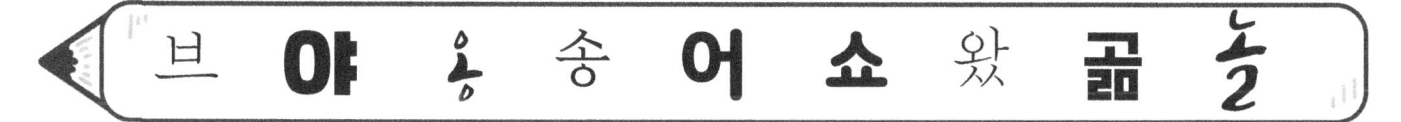

지 히 비 읽 실 쌀 행 공 부

4. Circle the letters which have [yeo].

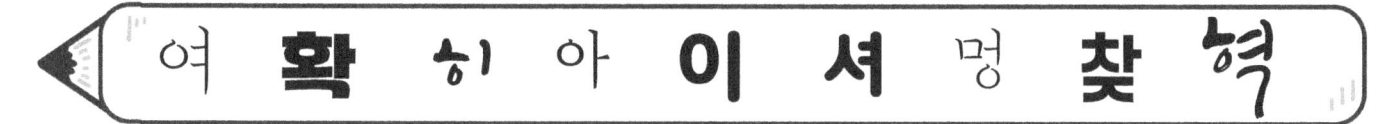

여 확 히 아 이 셔 명 찾 혁

5. Circle the letters which have [o].

브 야 응 송 어 쇼 왔 곰 늘

6. Circle the letters which have [yu].

자 유 름 고 욕 심 없 는 삶

7. Circle the letters which have [eo].

그 녀 는 아 름 답 다 너 무

8. Draw a line to match each word.

아냐 ·   · road

도로 ·   · "No."

그거 ·   · that

차 ·   · car

너 ·   · you

요가 ·   · universe

혀 ·   · yoga

도시 ·   · tongue

우주 ·   · city

우유 ·   · milk

Answer Key

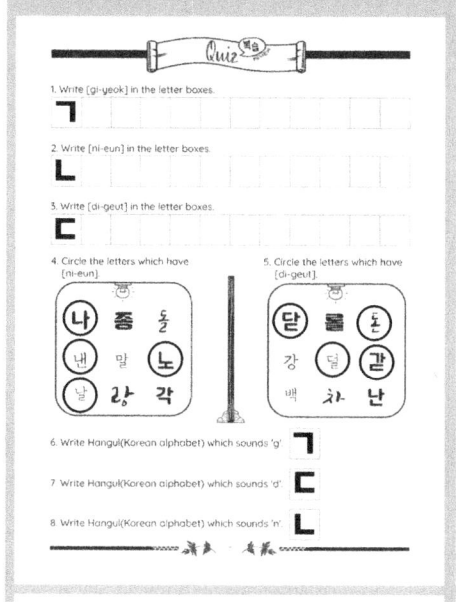

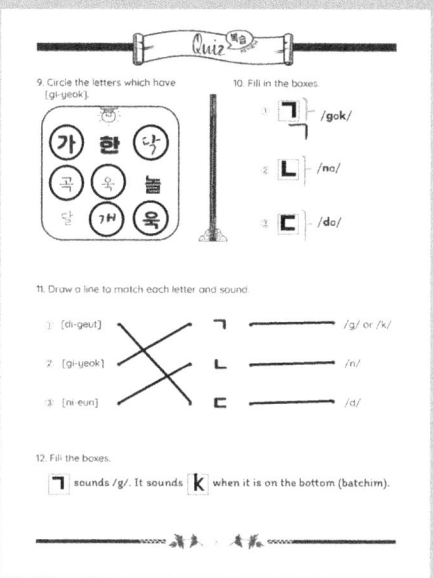

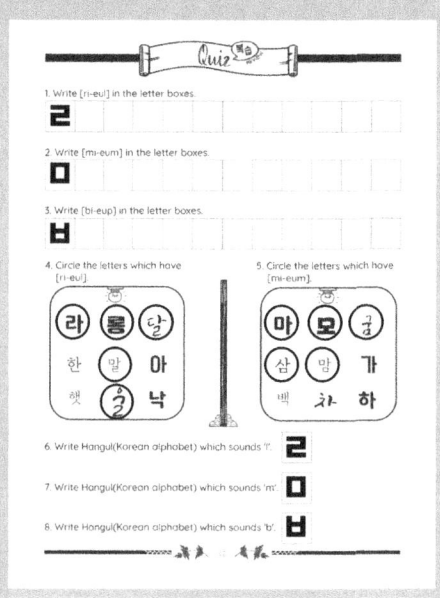

page 7

page 8

page 12

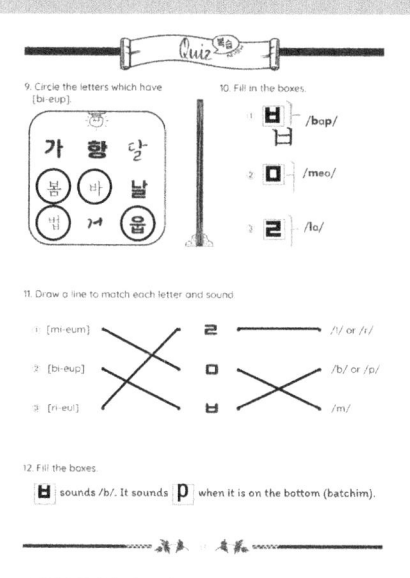

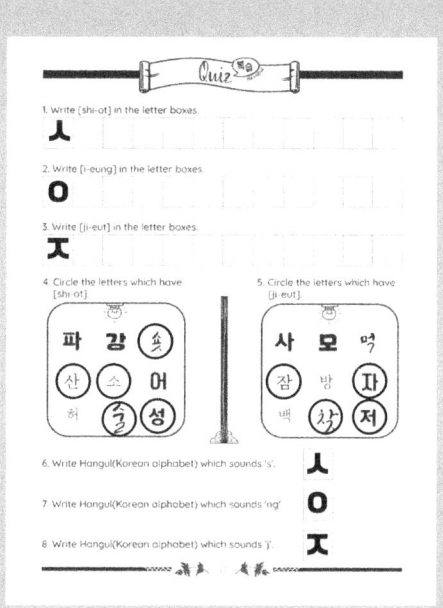

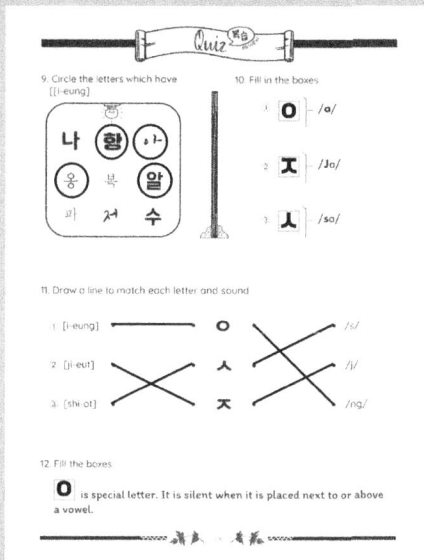

page 13

page 17

page 18

Answer Key

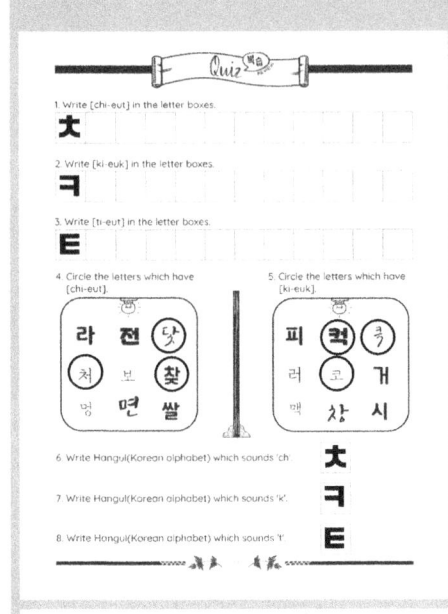

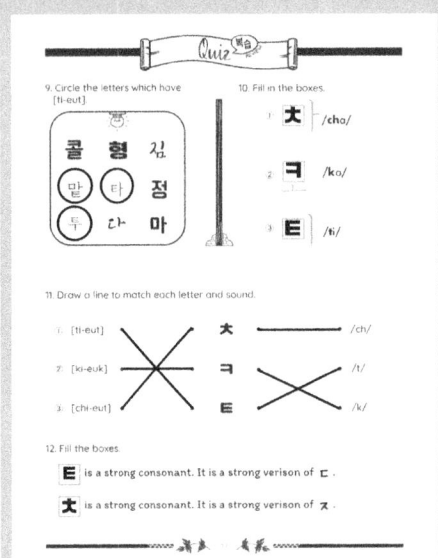

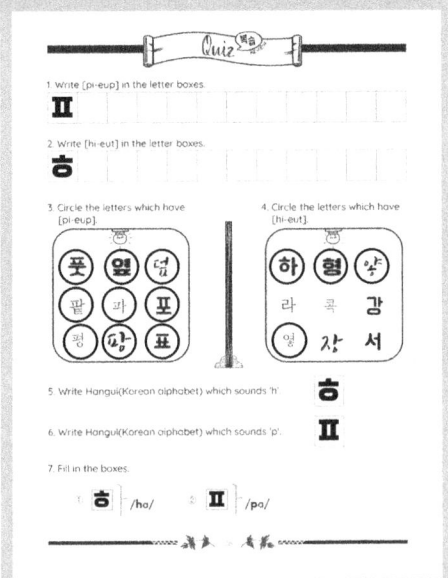

page 22

1. Write [chi-eut] in the letter boxes.
   ㅊ
2. Write [ki-euk] in the letter boxes.
   ㅋ
3. Write [ti-eut] in the letter boxes.
   ㅌ
4. Circle the letters which have [chi-eut].
   Circled: 전, 찾, 처
5. Circle the letters which have [ki-euk].
   Circled: 컥, 코
6. Write Hangul(Korean alphabet) which sounds 'ch'. ㅊ
7. Write Hangul(Korean alphabet) which sounds 'k'. ㅋ
8. Write Hangul(Korean alphabet) which sounds 't'. ㅌ

page 23

9. Circle the letters which have [ti-eut].
   Circled: 타, 두, 다
10. Fill in the boxes.
    1. ㅊ /cho/
    2. ㅋ /ko/
    3. ㅌ /ti/
11. Draw a line to match each letter and sound.
    1. [ti-eut] — ㅌ — /t/
    2. [ki-euk] — ㅋ — /k/
    3. [chi-eut] — ㅊ — /ch/
12. Fill the boxes.
    ㅌ is a strong consonant. It is a strong version of ㄷ.
    ㅊ is a strong consonant. It is a strong version of ㅈ.

page 26

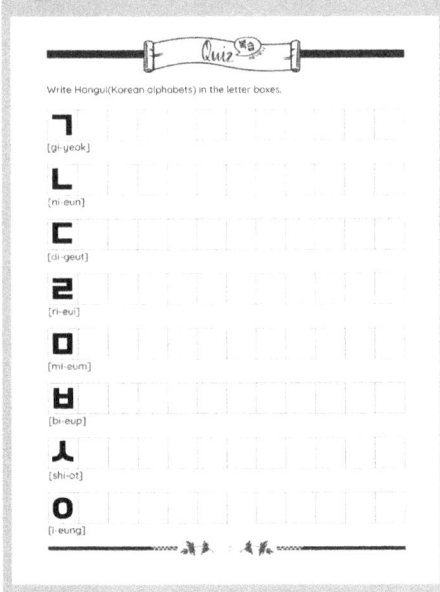

1. Write [pi-eup] in the letter boxes.
   ㅍ
2. Write [hi-eut] in the letter boxes.
   ㅎ
3. Circle the letters which have [pi-eup].
   Circled: 풀, 팥, 포
4. Circle the letters which have [hi-eut].
   Circled: 하, 형
5. Write Hangul(Korean alphabet) which sounds 'h'. ㅎ
6. Write Hangul(Korean alphabet) which sounds 'p'. ㅍ
7. Fill in the boxes.
   1. ㅎ /ha/
   2. ㅍ /pa/

page 27

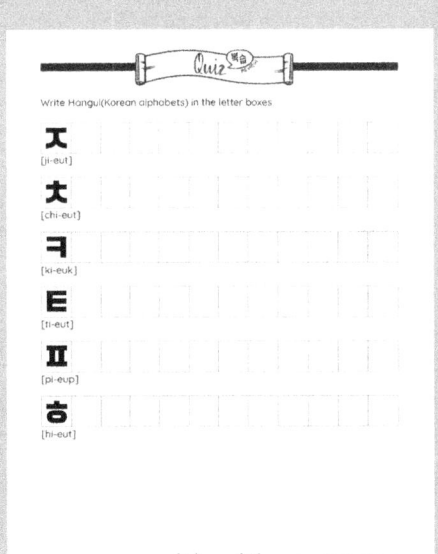

Write Hangul(Korean alphabets) in the letter boxes.

ㄱ [gi-yeok]
ㄴ [ni-eun]
ㄷ [di-geut]
ㄹ [ri-eul]
ㅁ [mi-eum]
ㅂ [bi-eup]
ㅅ [shi-ot]
ㅇ [i-eung]

page 28

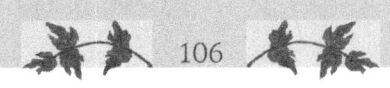

Write Hangul(Korean alphabets) in the letter boxes.

ㅈ [ji-eut]
ㅊ [chi-eut]
ㅋ [ki-euk]
ㅌ [ti-eut]
ㅍ [pi-eup]
ㅎ [hi-eut]

Answer Key

Quiz 복습 REVIEW

Draw a line to match each letter and sound.

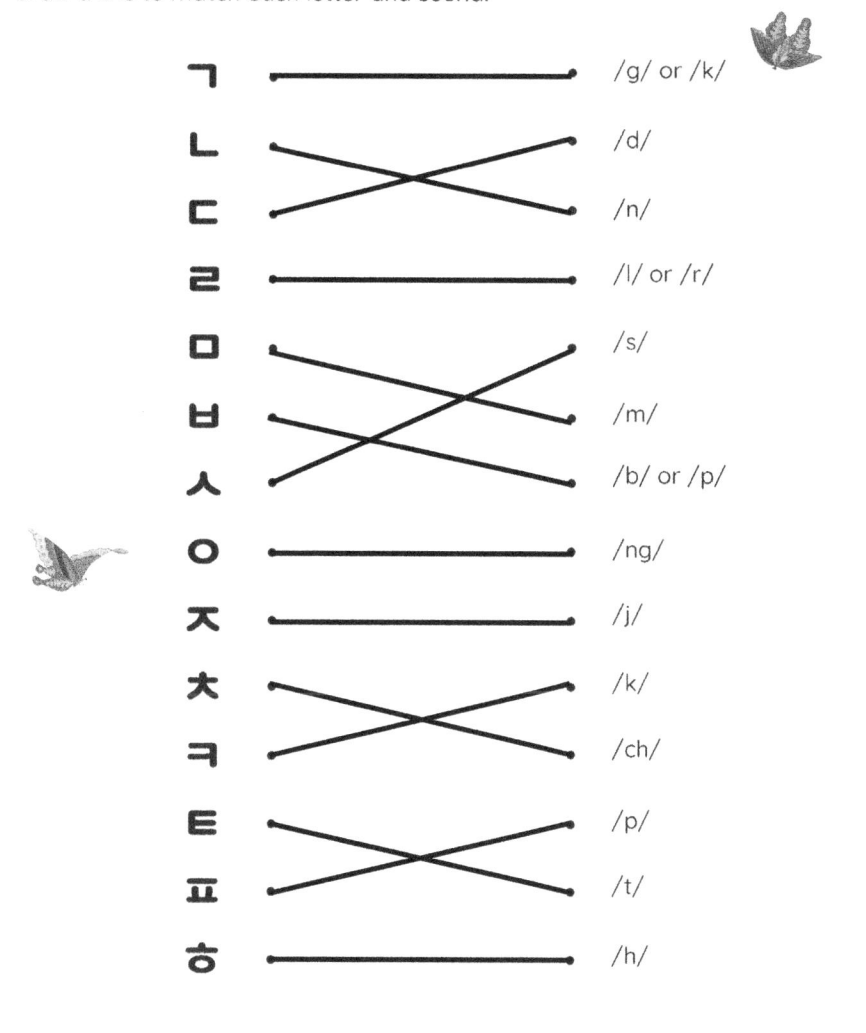

ㄱ	/g/ or /k/
ㄴ	/d/
ㄷ	/n/
ㄹ	/l/ or /r/
ㅁ	/s/
ㅂ	/m/
ㅅ	/b/ or /p/
ㅇ	/ng/
ㅈ	/j/
ㅊ	/k/
ㅋ	/ch/
ㅌ	/p/
ㅍ	/t/
ㅎ	/h/

Matches:
- ㄱ — /g/ or /k/
- ㄴ — /n/
- ㄷ — /d/
- ㄹ — /l/ or /r/
- ㅁ — /m/
- ㅂ — /b/ or /p/
- ㅅ — /s/
- ㅇ — /ng/
- ㅈ — /j/
- ㅊ — /ch/
- ㅋ — /k/
- ㅌ — /t/
- ㅍ — /p/
- ㅎ — /h/

page 29

Answer Key

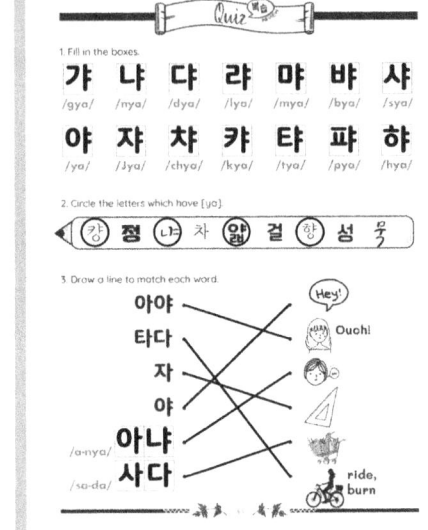

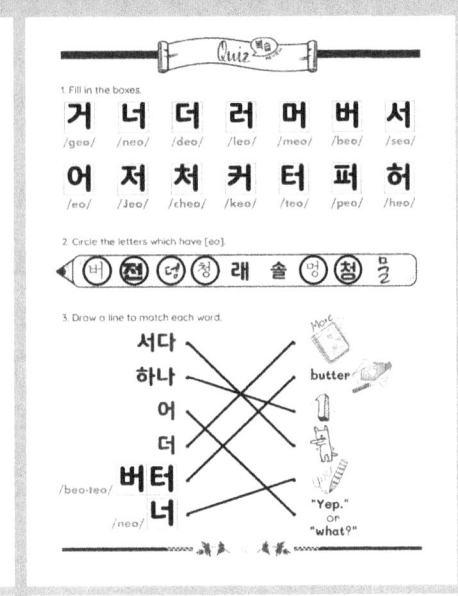

page 38

page 45

page 52

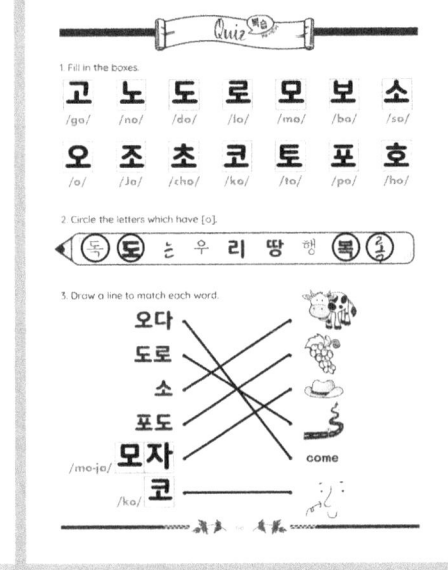

page 59

page 66

page 73

Answer Key

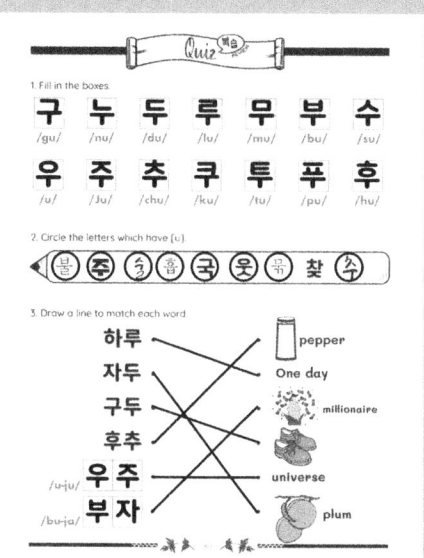

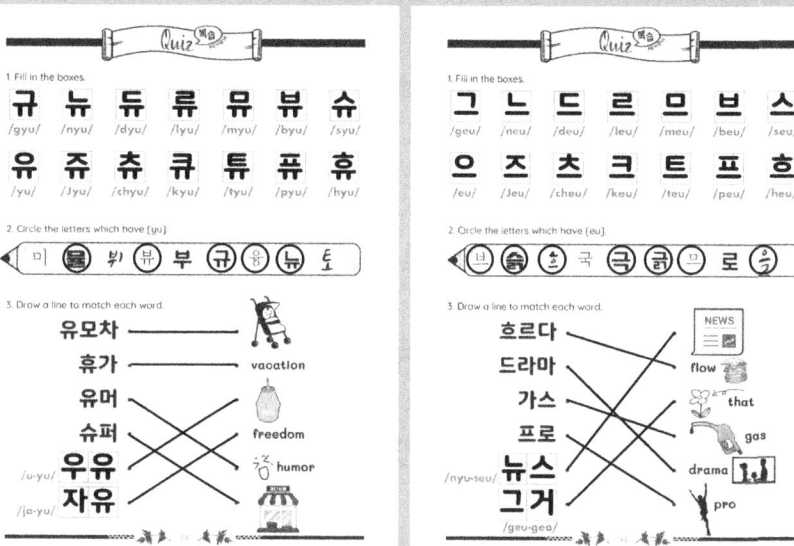

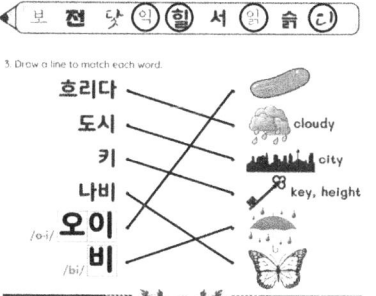

page 80

1. Fill in the boxes.

구	누	두	루	무	부	수
/gu/	/nu/	/du/	/lu/	/mu/	/bu/	/su/

우	주	추	쿠	투	푸	후
/u/	/ju/	/chu/	/ku/	/tu/	/pu/	/hu/

2. Circle the letters which have [u].
불 **중** **굴** 움 국 **옷** **죽** 찾 **수**

3. Draw a line to match each word.
- 하루 — One day
- 자두 — plum
- 구두 — shoes
- 후추 — pepper
- 우주 /u-ju/ — universe
- 부자 /bu-ja/ — millionaire

page 87

1. Fill in the boxes.

규	뉴	듀	류	뮤	뷰	슈
/gyu/	/nyu/	/dyu/	/lyu/	/myu/	/byu/	/syu/

유	쥬	츄	큐	튜	퓨	휴
/yu/	/jyu/	/chyu/	/kyu/	/tyu/	/pyu/	/hyu/

2. Circle the letters which have [yu].
미 **물** 비 **뷰** 부 **규** 용 **뉴** 토

3. Draw a line to match each word.
- 유모차 — stroller
- 휴가 — vacation
- 유머 — humor
- 슈퍼 — supermarket
- 우유 /u-yu/ — milk
- 자유 /ja-yu/ — freedom

page 94

1. Fill in the boxes.

그	느	드	르	므	브	스
/geu/	/neu/	/deu/	/leu/	/meu/	/beu/	/seu/

으	즈	츠	크	트	프	흐
/eu/	/jeu/	/cheu/	/keu/	/teu/	/peu/	/heu/

2. Circle the letters which have [eu].
브 **슴** **초** 국 극 **글** 므 로 **슴**

3. Draw a line to match each word.
- 흐르다 — flow
- 드라마 — drama
- 가스 — gas
- 프로 — pro
- 뉴스 /nyu-seu/ — NEWS
- 그거 /geu-geo/ — that

page 101

1. Fill in the boxes.

기	니	디	리	미	비	시
/gi/	/ni/	/di/	/li/	/mi/	/bi/	/si/

이	지	치	키	티	피	히
/i/	/ji/	/chi/	/ki/	/ti/	/pi/	/hi/

2. Circle the letters which have [i].
보 **전** 닻 **익** **힘** 서 **잎** 슴 **디**

3. Draw a line to match each word.
- 흐리다 — cloudy
- 도시 — city
- 키 — key, height
- 나비 — butterfly
- 오이 /o-i/ — cucumber
- 비 /bi/ — rain

page 102

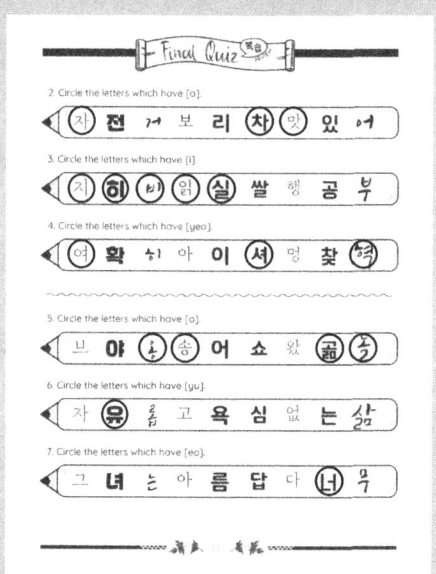

1. Fill in the boxes.

겨	니	듀	루	마	보	소
/gyeo/	/ni/	/dyu/	/lu/	/ma/	/byo/	/so/

아	조	추	커	타	퍄	흐
/a/	/jo/	/chu/	/keo/	/ta/	/pya/	/heu/

기	녀	됴	라	먀	보	셔
/gi/	/nyeo/	/nyo/	/la/	/mya/	/bo/	/syeo/

우	자	츠	큐	탸	파	호
/u/	/ja/	/cheu/	/kyu/	/tya/	/pa/	/ho/

구	나	더	랴	모	비	수
/gu/	/na/	/deo/	/lya/	/mo/	/bi/	/su/

야	지	챠	코	툐	퍄	히
/ya/	/ji/	/chya/	/ko/	/tyo/	/pya/	/hi/

page 103

2. Circle the letters which have [o].
조 전 거 보리 **차** 미 있어

3. Circle the letters which have [i].
지 **히** **비** **앎** **실** 쌀 행 공 부

4. Circle the letters which have [yeo].
여 확 쇠 아 이 **셔** 명 찾 **혀**

5. Circle the letters which have [o].
브 야 **소** 송 어 쇼 왔 **곰** **옷**

6. Circle the letters which have [yu].
자 **유** 음 고 욕 심 없 는 **슘**

7. Circle the letters which have [eo].
그 녀 는 아 름 답 다 **너** 무

Answer Key

Final Quiz 복습

8. Draw a line to match each word.

아냐	"No."
도로	road
그거	that
차	car
너	you
요가	yoga
혀	tongue
도시	city
우주	universe
우유	milk

page 104

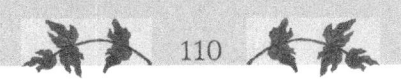

ㄱ ㄴ

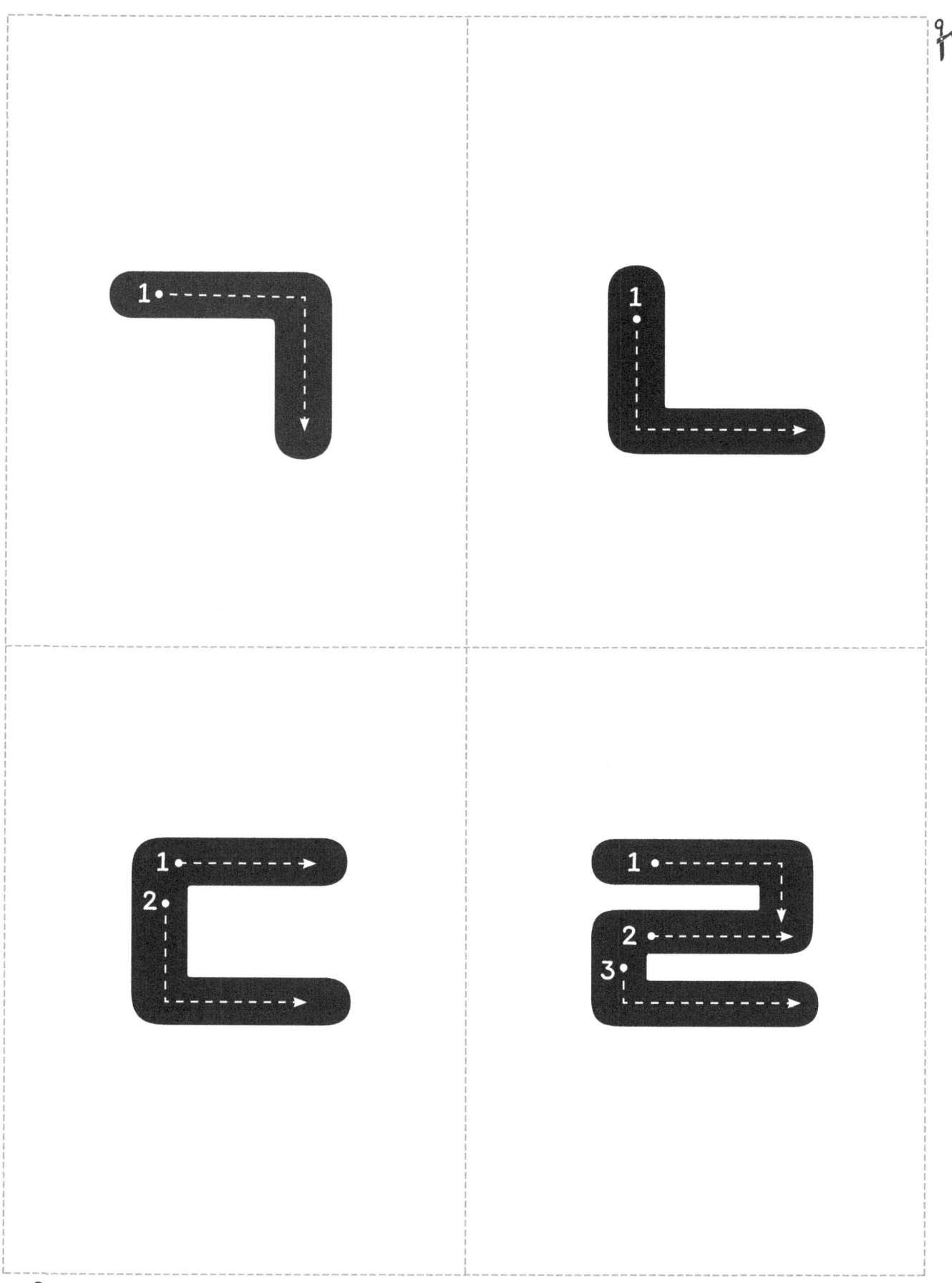

ㄷ ㄹ

[ni-eun]

sounds

/n/ of **n**ame

[gi-yeok]

sounds

/g/ of han **g**ook

/k/ of han goo**k**

[ri-eul /li-eul]

sounds

/l/ of **l**amp /r/ of **r**amen

[di-geut]

sounds

/d/ of **d**og

ㅁ ㅂ

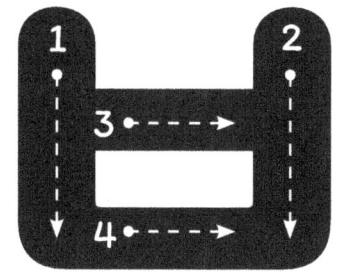

ㅅ ㅇ

[bi-eup]

sounds

/b/ of **b**oy   /p/ of to**p**

[mi-eum]

sounds

/m/ of **m**an

[i-eung]

sounds

/ng/ of lo**ng**, so**ng**

[shi-ot]

sounds

/s/ of **s**un   /sh/ of **sh**e

ㅈ ㅊ

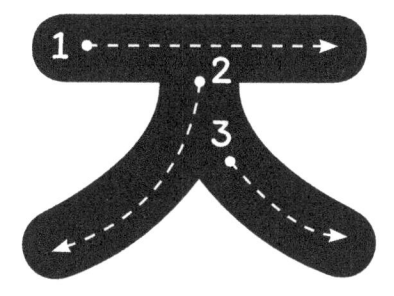

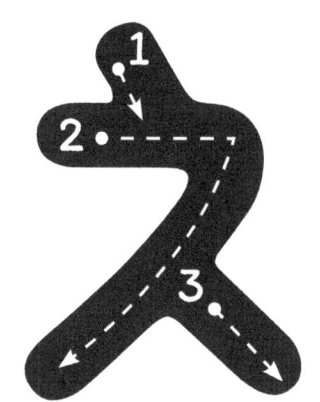

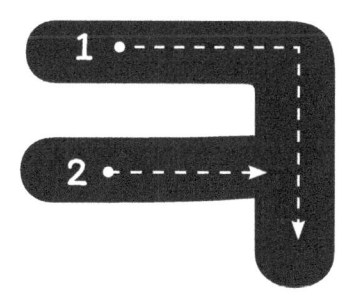

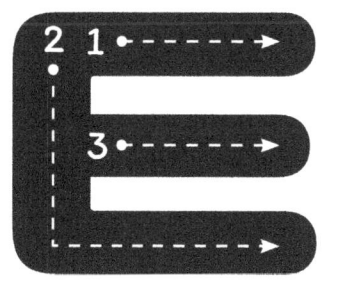

ㅋ ㅌ

[chi-eut]

sounds

/ch/ of **ch**air

[ji-eut]

sounds

/**j**/ of **j**elly

/z/ of **z**ebra, chee**s**e

[ti-eut]

sounds

/t/ of **t**iger

[ki-euk]

sounds

/k/ of **k**ey, **c**at

ㅍ ㅎ

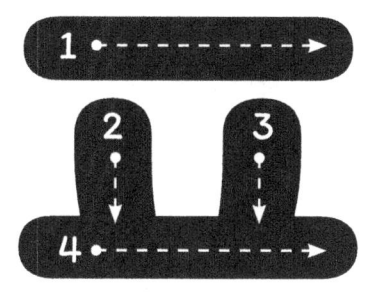

ㅏ ㅑ

[hi-eut]

sounds

/h/ of **h**am, **h**orse

[pi-eup]

sounds

/p/ of **p**ig

[ya]

sounds

/ya/ of **ya**hoo

[a]

sounds

/a/ of **a**rmy, **A**merica

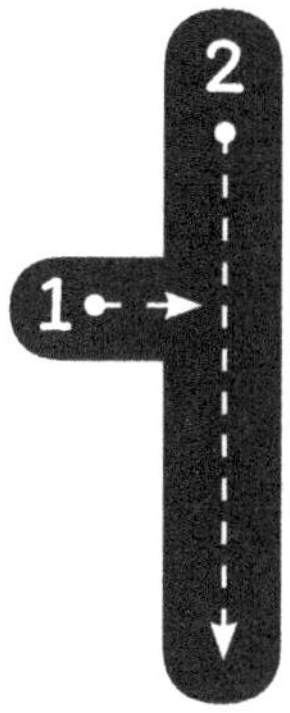
2
1

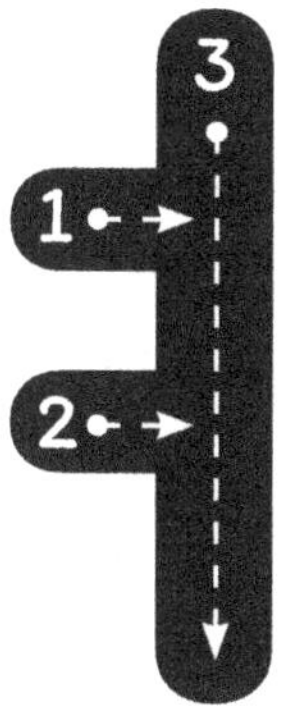
3
1
2

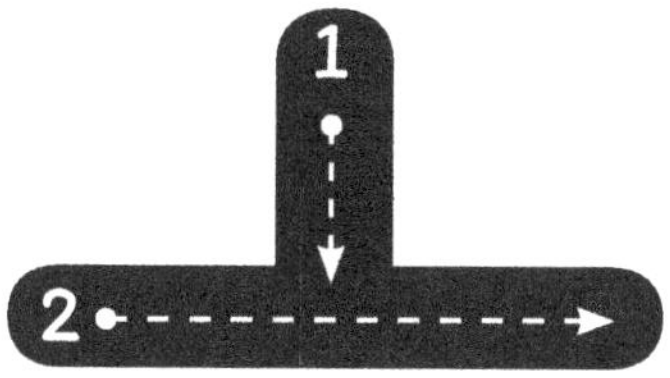
1
2

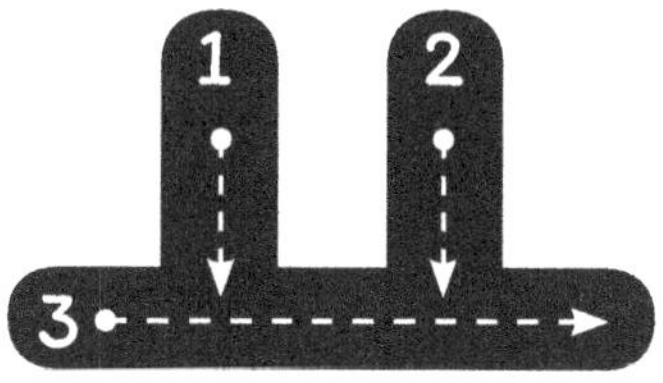
1
2
3

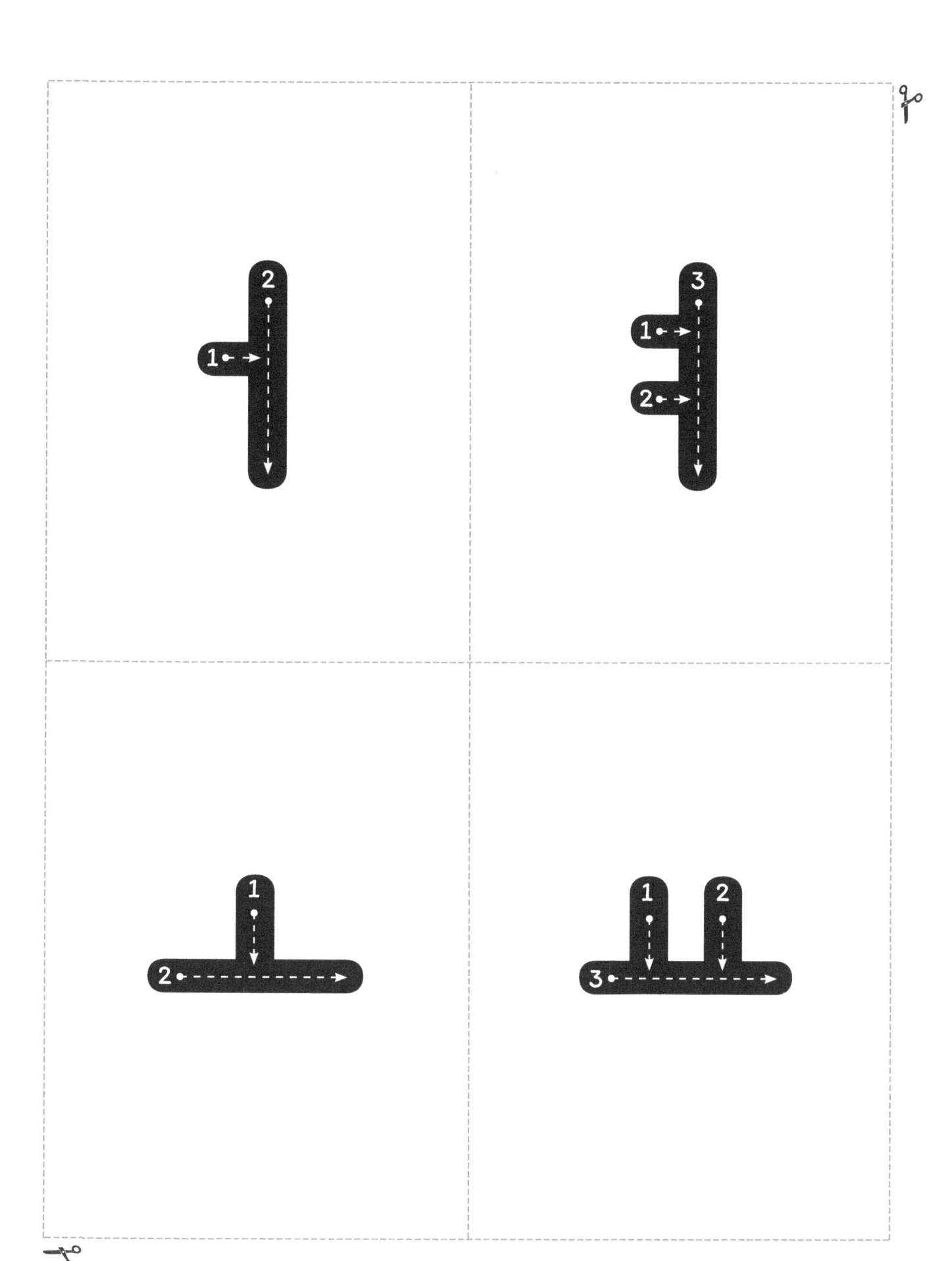

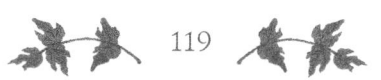

[yeo] [yŏ]

sounds

/yeo/ of **you**ng

[eo] [ŏ]

sounds

/eo/ of **ea**rn, **ea**rth

[yo]

sounds

/yo/ of **yo-yo**, **yo**ga

[o]

sounds

/o/ of **o**range

121

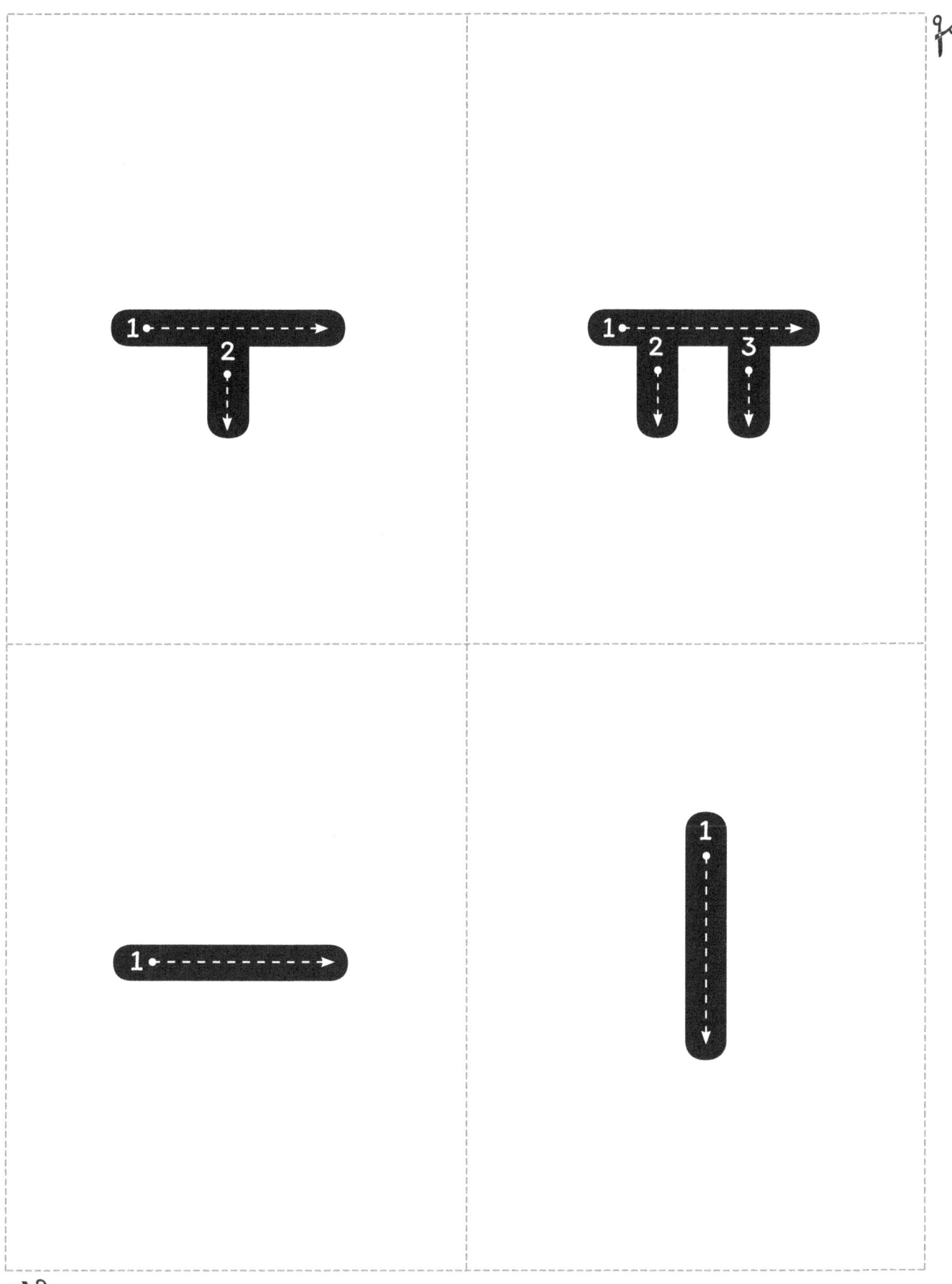

[yu]

sounds

/yu/ of **you, u**se

[u] [oo]

sounds

/u/ or /oo/ of t**oo**th, s**ou**p

[i]

sounds

/i/ of **i**t, k**i**mch**i**, ch**ee**se

[eu] [ŭ]

sounds

dream [d**eu**-rim]
swing [s**eu**-wing]

Congratulations!
You've learned 10 vowels and 60 words of Hangul!

Korean Alphabet Vol.2

ISBN: 979-8436954905

You can learn COMPLEX VOWELS, TENSE CONSONANTS, and BATCHIM with 'KOREAN ALPHABET VOL.2'.

Thank you for choosing 'Korean Alphabet Vol.1'.
Your comments and reviews will encourage us to make better books.
늘 건강하고 행복하세요~ (We Hope you always stay healthy and happy. 🙏)
- Dream Bisang Press

Made in the USA
Monee, IL
22 June 2024